PREFAZIONE

La raccolta di frasari da viaggio "Andrà tutto bene!" pubblicati da T&P Books è destinata a coloro che viaggiano all'estero per turismo e per motivi professionali. I frasari contengono ciò che conta di più - gli elementi essenziali per la comunicazione di base. Questa è un'indispensabile serie di frasi utili per "sopravvivere" durante i soggiorni all'estero.

Questo frasario potrà esservi di aiuto nella maggior parte dei casi in cui dovrete chiedere informazioni, ottenere indicazioni stradali, domandare quanto costa qualcosa, ecc. Risulterà molto utile per risolvere situazioni dove la comunicazione è difficile e i gesti non possono aiutarci.

Questo libro contiene molte frasi che sono state raggruppate a seconda degli argomenti più importanti. Questa edizione include anche un piccolo vocabolario che contiene circa 3.000 termini più utilizzati abitualmente. Un'altra sezione del frasario contiene un dizionario gastronomico che vi sarà utile per ordinare pietanze al ristorante o per fare acquisti di genere alimentare.

Durante i vostri viaggi portate con voi il frasario "Andrà tutto bene!" e disporrete di un insostituibile compagno di viaggio che vi aiuterà nei momenti di difficoltà e vi insegnerà a non avere paura di parlare in un'altra lingua straniera.

INDICE

T&P Books Publishing

T&P Books Publishing

FRASARIO

— ARABO —

Andrey Taranov

I TERMINI E LE ESPRESSIONI PIÙ UTILI

Questo frasario contiene espressioni e domande di uso comune che risulteranno utili per intraprendere conversazioni di base con gli stranieri

T&P BOOKS

Frasario + dizionario da 3000 vocaboli

Frasario Italiano-Arabo e vocabolario tematico da 3000 vocaboli

Di Andrey Taranov

La raccolta di frasari da viaggio "Andrà tutto bene!" pubblicati da T&P Books è destinata a coloro che viaggiano all'estero per turismo e per motivi professionali. I frasari contengono ciò che conta di più - gli elementi essenziali per la comunicazione di base. Questa è un'indispensabile serie di frasi utili per "sopravvivere" durante i soggiorni all'estero.

Questo libro inoltre include un piccolo vocabolario tematico che comprende circa 3.000 termini più utilizzati abitualmente. Un'altra sezione del frasario contiene un dizionario gastronomico che vi sarà utile per ordinare pietanze al ristorante o per fare acquisti di genere alimentare.

T&P Books Publishing
www.tpbooks.com

ISBN: 978-1-78716-975-3

Questo libro è disponibile anche in formato e-book.
Visitate il sito www.tpbooks.com o le principali librerie online.

PRONUNCIA

Alfabeto fonetico T&P	Esempio arabo	Esempio italiano
[a]	طفّى [ṭaffa]	macchia
[ā]	إختار [ixtār]	scusare
[e]	هامبورجر [hamburger]	meno, leggere
[i]	زفاف [zifāf]	vittoria
[ī]	أبريل [abrīl]	scacchi
[u]	كلكتا [kalkutta]	prugno
[ū]	جاموس [ʒāmūs]	luccio
[b]	بداية [bidāya]	bianco
[d]	سعادة [sa'āda]	doccia
[ḍ]	وضع [waḍ']	[d] faringale
[ʒ]	الأرجنتين [arʒantīn]	beige
[ð]	تذكار [tiðkār]	[th] faringalizzato
[z̧]	ظهر [z̧ahar]	[z] faringale
[f]	خفيف [xafīf]	ferrovia
[g]	جولف [gūlf]	guerriero
[h]	إتّجاه [ittiʒāh]	[h] aspirate
[ḥ]	أحبّ [aḥabb]	[h] faringale
[y]	ذهبيّ [ðahabiy]	New York
[k]	كرسيّ [kursiy]	cometa
[l]	لمح [lamaḥ]	saluto
[m]	مرصد [marṣad]	mostra
[n]	جنوب [ʒanūb]	novanta
[p]	كابتشينو [kaputʃīnu]	pieno
[q]	وثق [waθiq]	cometa
[r]	روح [rūḥ]	ritmo, raro
[s]	سخريّة [suxriyya]	sapere
[ṣ]	معصم [mi'ṣam]	[s] faringale
[ʃ]	عشاء ['aʃā']	ruscello
[t]	تنّوب [tannūb]	tattica
[ṭ]	خريطة [xarīṭa]	[t] faringale
[θ]	ماموث [mamūθ]	Toscana (dialetto toscano)
[v]	فيتنام [vitnām]	volare
[w]	ودّع [wadda']	week-end
[x]	بخيل [baxīl]	[h] dolce
[ɣ]	تغدّى [taɣadda]	simile gufo, gatto
[z]	ماعز [mā'iz]	rosa

5

Alfabeto fonetico T&P	Esempio arabo	Esempio italiano
['] (ayn)	سبعة [sab'a]	fricativa faringale sonora
['] (hamza)	سأل [sa'al]	occlusiva glottidale sorda

LISTA DELLE ABBREVIAZIONI

Arabo. Abbreviazioni

du	-	sostantivo plurale (duale)
f	-	sostantivo femminile
m	-	sostantivo maschile
pl	-	plurale

Italiano. Abbreviazioni

agg	-	aggettivo
anim.	-	animato
avv	-	avverbio
cong	-	congiunzione
ecc.	-	eccetera
f	-	sostantivo femminile
f pl	-	femminile plurale
fem.	-	femminile
form.	-	formale
inanim.	-	inanimato
inform.	-	familiare
m	-	sostantivo maschile
m pl	-	maschile plurale
m, f	-	maschile, femminile
masc.	-	maschile
mil.	-	militare
pl	-	plurale
pron	-	pronome
qc	-	qualcosa
qn	-	qualcuno
sing.	-	singolare
v aus	-	verbo ausiliare
vi	-	verbo intransitivo
vi, vt	-	verbo intransitivo, transitivo
vr	-	verbo riflessivo
vt	-	verbo transitivo

T&P BOOKS

FRASARIO
ARABO

Questa sezione contiene
frasi importanti che
potranno rivelarsi utili in
varie situazioni di vita
quotidiana. Il frasario vi sarà
di aiuto per chiedere
indicazioni, chiarire il prezzo
di qualcosa, comprare dei
biglietti e ordinare pietanze
in un ristorante

T&P Books Publishing

INDICE DEL FRASARIO

T&P Books Publishing

Mi scusi, ...	ba'd ezznak, ... بعد إذنك، ...
Buongiorno.	ahlan أهلا
Grazie.	ʃokran شكرا
Arrivederci.	ella alliqā' إلى اللقاء
Sì.	aywā أيوة
No.	la'a لأ
Non lo so.	ma'raʃʃ ما أعرفش
Dove? | Dove? (~ stai andando?) | Quando?	feyn? | lefeyn? | emta? فين؟ | لفين؟ | إمتى؟

Ho bisogno di ...	mehtāg ... محتاج ...
Voglio ...	'āyez ... عايز ...
Avete ...?	ya tara 'andak ...? يا ترى عندك...؟
C'è un /una/ ... qui?	feyh hena ...? فيه هنا ...؟
Posso ...?	momken ...? ممكن ...؟
per favore	... men faḍlak ... من فضلك

Sto cercando ...	ana badawwar 'la ... أنا بادور على ...
il bagno	ḥammām حمام
un bancomat	makīnet ṣarraf 'āaly ماكينة صراف آلي
una farmacia	ṣaydaliya صيدلية
un ospedale	mostaʃʃa مستشفى
la stazione di polizia	'essm el ʃorṭa قسم شرطة
la metro	metro el anfā' مترو الأنفاق

un taxi	taksi
	تاكسي
la stazione (ferroviaria)	mahattet el 'attr
	محطة القطر

Mi chiamo ...	essmy ...
	إسمي...
Come si chiama?	essmak eyh?
	اسمك إيه؟
Mi può aiutare, per favore?	te'ddar tesā'dr y?
	تقدر تساعدني؟
Ho un problema.	ana 'andy moʃkela
	أنا عندي مشكلة
Mi sento male.	ana ta'bān
	أنا تعبان
Chiamate l'ambulanza!	otlob 'arabeyet es'āf!
	أطلب عربية إسعاف!
Posso fare una telefonata?	momken a'mel mokalma telefoniya?
	ممكن أعمل مكالمة تليفونية؟

Mi dispiace.	ana 'āssif
	أنا آسف
Prego.	el 'afw
	العفو

io	ana
	أنا
tu	enta
	أنت
lui	howwa
	هو
lei	hiya
	هي
loro (m)	homm
	هم
loro (f)	homm
	هم
noi	ehna
	احنا
voi	entom
	انتم
Lei	haddretak
	حضرتك

ENTRATA	doχūl
	دخول
USCITA	χorūg
	خروج
FUORI SERVIZIO	'attlān
	عطلان
CHIUSO	moχlaq
	مغلق

APERTO	maftūḥ
	مفتوح
DONNE	lel sayedāt
	للسيدات
UOMINI	lel regāl
	للرجال

Domande

Dove?	feyn? فين؟
Dove? (~ stai andando?)	lefeyn? لفين؟
Da dove?	men feyn? من فين؟
Perchè?	leyh? ليه؟
Per quale motivo?	le'ayī sabab? لأي سبب؟
Quando?	emta? إمتى؟

Per quanto tempo?	leḥadd emta? لحد إمتى؟
A che ora?	fi ayī sā'a? في أي ساعة؟
Quanto?	bekām? بكام؟
Avete ...?	ya tara 'andak ...? يا ترى عندك ...؟
Dov'e ...?	feyn ...? فين ...؟

Che ore sono?	el sā'a kām? الساعة كام؟
Posso fare una telefonata?	momken a'mel mokalma telefoniya? ممكن أعمل مكالمة تليفونية؟
Chi è?	meyn henāk? مين هناك؟
Si può fumare qui?	momken addaχen hena? ممكن أدخن هنا؟
Posso ...?	momken ...? ممكن ...؟

Necessità

Vorrei ...	aḥebb ... ... أحب
Non voglio ...	meʃ ʿāyiz ... ... مش عايز
Ho sete.	ana ʿaṭʃān أنا عطشان
Ho sonno.	ʿāyez anām عايز أنام

Voglio ...	ʿāyez ... ... عايز
lavarmi	atʃaṭṭaf أتشطف
lavare i denti	aɣsel senāny أغسل سناني
riposae un po'	artāḥ ʃwaya أرتاح شوية
cambiare i vestiti	aɣayar hodūmy أغير هدومي

tornare in albergo	argaʿ lel fondoq أرجع للفندق
comprare ...	ʃerāʾ ... ... شراء
andare a ...	arūḥ le... ...أروح لـ
visitare ...	azūr ... ... أزور
incontrare ...	aʿābel ... ... أقابل
fare una telefonata	aʿmel mokalma telefoniya أعمل مكالمة تليفونية

Sono stanco.	ana taʿbān أنا تعبان
Siamo stanchi.	eḥna taʿbānīn إحنا تعبانين
Ho freddo.	ana bardān أنا بردان
Ho caldo.	ana ḥarran أنا حران
Sto bene.	ana kowayes أنا كويس

Devo fare una telefonata.	mehtāg a'mel mokalma telefoneya
	محتاج أعمل مكالمة تليفونية
Devo andare in bagno.	mehtāg arūh el hammam
	محتاج أروح الحمام
Devo andare.	lāzem amʃy
	لازم أمشي
Devo andare adesso.	lāzem amʃy dellwa'ty
	لازم أمشي دلوقتي

Come chiedere indicazioni

Mi scusi, ...	ba'd ezznak, ... بعد إذنك، ...
Dove si trova ...?	feyn ...? فين ...؟
Da che parte è ...?	meneyn ...? منين ...؟
Mi può aiutare, per favore?	momken tesā'edny, men faḍlak? ممكن تساعدني، من فضلك؟

Sto cercando ...	ana badawwar 'la ... أنا بادور على ...
Sto cercando l'uscita.	baddawwar 'la ṭarīq el ҳorūg بادور على طريق الخروج
Sto andando a ...	ana rāyeḥ le... أنا رايح لـ...
Sto andando nella direzione giusta per ...?	ana māʃy fel ṭarīq el ṣaḥḥ le ...? أنا ماشي في الطريق الصح لـ... ؟

E' lontano?	howwa beīd? هو بعيد؟
Posso andarci a piedi?	momken awṣal henāk māʃy? ممكن أوصل هناك ماشي؟
Può mostrarmi sulla piantina?	momken tewarrīny 'lal ҳarīṭa? ممكن توريني على الخريطة؟
Può mostrarmi dove ci troviamo adesso.	momken tewarrīny eḥna feyn dellwa'ty? ممكن توريني إحنا فين دلوقتي؟

Qui	hena هنا
Là	henāk هناك
Da questa parte	men hena من هنا

Giri a destra.	oddҳol yemīn ادخل يمين
Giri a sinistra.	oddҳol ʃemal ادخل شمال
La prima (la seconda, la terza) strada	awwel (tāny, tālet) ʃāre' أول (تاني، تالت) شارع

a destra   'lal yemīn
                               على اليمين

a sinistra   'lal ʃemal
                               على الشمال

Vada sempre dritto.   'la ṭūl
                               على طول

Segnaletica

BENVENUTO!	marḥaba مرحبا
ENTRATA	doχūl دخول
USCITA	χorūg خروج

SPINGERE	eddfaʿ إدفع
TIRARE	ess-ḥab إسحب
APERTO	maftūḥ مفتوح
CHIUSO	moχlaq مغلق

DONNE	lel sayedāt للسيدات
UOMINI	lel regāl للرجال
BAGNO UOMINI	el sāda السادة
BAGNO DONNE	el sayedāt السيدات

SALDI | SCONTI	taχfīḍāt تخفيضات
IN SALDO	okazyōn اوكازيون
GRATIS	maggānan مجانا
NOVITA!	gedīd! جديد!
ATTENZIONE!	ennttabeh! إنتبه!

COMPLETO	mafiʃ makān ما فيش مكان
RISERVATO	maḥgūz محجوز
AMMINISTRAZIONE	el edāra الإدارة
RISERVATO AL PERSONALE	lel ʿāmelīn faqaṭ للعاملين فقط

ATTENTI AL CANE!	ehhtaress mǝn el kalt!
	إحترس من الكلب!
VIETATO FUMARE	mammnū' el tadχīn!
	ممنوع التدخين!
NON TOCCARE	mammnū' el lammss!
	ممنوع اللمس!
PERICOLOSO	χatīr
	خطير
PERICOLO	χatar
	خطر
ALTA TENSIONE	gohd 'āly
	جهد عالي
DIVIETO DI BALNEAZIONE	mammnū' el sebāha!
	ممنوع السباحة!

FUORI SERVIZIO	'attlān
	عطلان
INFIAMMABILE	qābel lel eʃte'āl
	قابل للإشتعال
VIETATO	mammnū'
	ممنوع
VIETATO L'ACCESSO	mammnū' el taχatty!
	ممنوع التخطي!
PITTURA FRESCA	talā' hadiis
	طلاء حديث

CHIUSO PER RESTAURO	moχlaq lel tagdedāt
	مغلق للتجديدات
LAVORI IN CORSO	aʃγāl fel tarīq
	أشغال في الطريق
DEVIAZIONE	monhany
	منحنى

Mezzi di trasporto - Frasi generiche

aereo	tayāra طيّارة
treno	'attr قطر
autobus	otobiis اوتوبيس
traghetto	safina سفينة
taxi	taksi تاكسي
macchina	'arabiya عربية

orario	gadwal جدول
Dove posso vedere l'orario?	a'dar aʃūf el gadwal feyn? أقدر أشوف الجدول فين؟
giorni feriali	ayām el ossbū' أيام الأسبوع
giorni di festa (domenica)	nehāyet el osbū' نهاية الأسبوع
giorni festivi	el 'agazāt الأجازات

PARTENZA	el saffar السفر
ARRIVO	el wosūl الوصول
IN RITARDO	mett'χara متأخرة
CANCELLATO	molχā ملغاه

il prossimo (treno, ecc.)	el gayī الجاي
il primo	el awwel الأول
l'ultimo	el 'aχīr الأخير

Quando è il prossimo ...?	emta el ... elly gayī? إمتى أل ... إللي جاي؟
Quando è il primo ...?	emta awwel ...? إمتى اول ...؟

Quando è l'ultimo …?	emta 'āχer …? ؟... إمتى آخر
scalo	tabdīl تبديل
effettuare uno scalo	abaddel أبدل
Devo cambiare?	hal ahtāg le tabdīl el…? ؟...هل أحتاج لتبديل الـ

Acquistando un biglietto

Dove posso comprare i biglietti?	meneyn momken aftery tazāker? منين ممكن أشتري تذاكر؟
biglietto	tazzkara تذكرة
comprare un biglietto	ʃerā' tazāker شراء تذاكر
il prezzo del biglietto	as'ār el tazāker أسعار التذاكر
Dove?	lefeyn? لفين؟
In quale stazione?	le'ayī mahatta? لأي محطة؟
Avrei bisogno di …	mehtāg … محتاج …
un biglietto	tazzkara wahda تذكرة واحدة
due biglietti	tazzkarteyn تذكرتين
tre biglietti	talat tazāker تلات تذاكر
solo andata	zehāb faqatt ذهاب فقط
andata e ritorno	zehāb we 'awda ذهاب وعودة
prima classe	daraga ūla درجة أولى
seconda classe	daraga tanya درجة ثانية
oggi	el naharda النهاردة
domani	bokra بكرة
dopodomani	ba'd bokra بعد بكرة
la mattina	el sobh الصبح
nel pomeriggio	ba'd el zohr بعد الظهر
la sera	bel leyl بالليل

posto lato corridoio	korsy mammar
	كرسي ممر
posto lato finestrino	korsy ʃebbāk
	كرسي شباك
Quanto?	bekām?
	بكام؟
Posso pagare con la carta di credito?	momken addfaʻ be kart eʼtemān?
	ممكن أدفع بكارت إئتمان؟

Autobus

autobus	el otobiis الأوتوبيس
autobus interurbano	otobiis beyn el moddon أوتوبيس بين المدن
fermata dell'autobus	maḥaṭṭet el otobiis محطة الأوتوبيس
Dov'è la fermata dell'autobus più vicina?	feyn aqrab maḥaṭṭet otobiis? فين أقرب محطة أوتوبيس؟

numero	raqam رقم
Quale autobus devo prendere per andare a …?	'āχod ayī otobiis le …? أخذ أي اوتوبيس لـ...؟
Questo autobus va a …?	el otobiis da beyrūḥ …? الأوتوبيس دة بيروح ...؟
Qual'è la frequenza delle corse degli autobus?	el otobiis beyīgi kol 'add eyh? الأوتوبيس بيجي كل قد إيه؟

ogni 15 minuti	kol χamasstāʃar daqīqa كل 15 دقيقة
ogni mezzora	kol noṣṣ sāʻa كل نص ساعة
ogni ora	kol sāʻa كل ساعة
più a volte al giorno	kaza marra fel yome كذا مرة في اليوم
… volte al giorno	… marrat fell yome ... مرات في اليوم

orario	gadwal جدول
Dove posso vedere l'orario?	aʻdar aʃūf el gadwal feyn? أقدر أشوف الجدول فين؟
Quando passa il prossimo autobus?	emta el otobīss elly gayī? إمتى الأتوبيس اللي جاي؟
A che ora è il primo autobus?	emta awwel otobiis? إمتى أول أوتوبيس؟
A che ora è l'ultimo autobus?	emta 'āχer otobiis? إمتى آخر أوتوبيس؟

fermata	maḥaṭṭa محطة
prossima fermata	el maḥaṭṭa el gaya المحطة الجاية

ultima fermata

axer mahatta
آخر محطة (أخر الخط)

Può fermarsi qui, per favore.

laww samaht, wa'eff hena
لو سمحت، وقف هنا

Mi scusi, questa è la mia fermata.

ba'd ezznak, di mahat etti
بعد إذنك، دي محطتي

Treno

treno	el 'attr
	القطر
treno locale	'attr el dawāḥy
	قطر الضواحي
treno a lunga percorrenza	'attr el masāfāt el ṭawīla
	قطر المسافات الطويلة
stazione (~ ferroviaria)	maḥattet el 'attr
	محطة القطر
Mi scusi, dov'è l'uscita per il binario?	ba'd ezznak, meneyn el ṭarīq lel raṣīf
	بعد إذنك، منين الطريق للرصيف؟

Questo treno va a ...?	el 'attr da beyrūḥ ...?
	القطر دة بيروح ...؟
il prossimo treno	el 'attr el gayī?
	القطر الجاي؟
Quando è il prossimo treno?	emta el 'attr elly gayī?
	إمتى القطر إللي جاي؟
Dove posso vedere l'orario?	a'dar afūf el gadwal feyn?
	أقدر أشوف الجدول فين؟
Da quale binario?	men ayī raṣīf?
	من أي رصيف؟
Quando il treno arriva a ... ?	emta yewṣal el 'attr ...?
	إمتى يوصل القطر ... ؟

Mi può aiutare, per favore.	argūk sā'dny
	ارجوك ساعدني
Sto cercando il mio posto.	baddawwar 'lal korsy betā'y
	بادور على الكرسي بتاعي
Stiamo cercando i nostri posti.	eḥna benndawwar 'la karāsy
	إحنا بندور على كراسي
Il mio posto è occupato.	el korsy betā'i mafɣūl
	الكرسي بتاعي مشغول
I nostri posti sono occupati.	karaseyna mafɣūla
	كراسينا مشغولة

Mi scusi, ma questo è il mio posto.	'ann ezznak, el korsy da betā'y
	عن إذنك، الكرسي دة بتاعي
E' occupato?	el korsy da maḥgūz?
	الكرسي دة محجوز؟
Posso sedermi qui?	momken a"od hena?
	ممكن أقعد هنا؟

Sul treno - Dialogo (Senza il biglietto)

Biglietto per favore.

tazāker men faḍlak
تذاكر من فضلك

Non ho il biglietto.

ma'andīʃ tazzkara
ما عنديش تذكرة

Ho perso il biglietto.

tazzkarty ḍā'et
تذكرتي ضاعت

Ho dimenticato il biglietto a casa.

nesīt tazkarty fel beyt
نسيت تذكرتي في البيت

Può acquistare il biglietto da me.

momken teʃtery menny tazkara
ممكن تشتري مني تذكرة

Deve anche pagare una multa.

lāzem teddfa' ɣarāma kaman
لازم تدفع غرامة كمان

Va bene.

tamām
تمام

Dove va?

enta rāyeḥ feyn?
إنت رايح فين؟

Vado a ...

ana rāyeḥ le...
أنا رايح لـ...

Quanto? Non capisco.

bekām? ana meʃ fāhem
بكام؟ أنا مش فاهم

Può scriverlo per favore.

ektebha laww samaḥt
إكتبها لو سمحت

D'accordo. Posso pagare con la carta di credito?

tamām. momken addfa' ɔe kredit kard?
تمام. ممكن أدفع بكريدت كارد؟

Si.

aywā momken
أيوة ممكن

Ecco la sua ricevuta.

ettfaḍḍal el īṣāl
اتفضل الإيصال

Mi dispiace per la multa.

'āssef beҳeṣūṣ el ɣarāma
آسف بخصوص الغرامة

Va bene così. È stata colpa mia.

mafīʃ moʃkela. di ɣalṭety
ما فيش مشكلة. دي غلطتي

Buon viaggio.

esstammte' be reḥlatek
استمتع برحلتك

Taxi

taxi	taksi
	تاكسي
tassista	sawwā' el taksi
	سواق التاكسي
prendere un taxi	'āχod taksi
	أخد تاكسي
posteggio taxi	maw'af taksi
	موقف تاكسي
Dove posso prendere un taxi?	meneyn āχod taksi?
	منين أخد تاكسي؟
chiamare un taxi	an taṭlob taksi
	أن تطلب تاكسي
Ho bisogno di un taxi.	aḥtāg taksi
	أحتاج تاكسي
Adesso.	al'āan
	الآن
Qual'è il suo indirizzo?	ma howa 'ennwānak?
	ما هو عنوانك؟
Il mio indirizzo è ...	'ennwāny fi ...
	عنواني في ...
La sua destinazione?	ettegāhak?
	إتجاهك؟

Mi scusi, ...	ba'd ezznak, ...
	بعد إذنك، ...
E' libero?	enta fāḍy?
	إنت فاضي؟
Quanto costa andare a ...?	bekām arūḥ...?
	بكام أروح...؟
Sapete dove si trova?	te'raf hiya feyn?
	تعرف هي فين؟

All'aeroporto, per favore.	el maṭār men faḍlak
	المطار من فضلك
Si fermi qui, per favore.	wa'eff hena, laww samaḥt
	وقف هنا، لو سمحت
Non è qui.	meʃ hena
	مش هنا
È l'indirizzo sbagliato.	da 'enwān χalat
	دة عنوان غلط
Giri a sinistra.	oddχol ʃemal
	ادخل شمال
Giri a destra.	oddχol yemīn
	ادخل يمين

Quanto le devo?	ʻlayī līk kām? علي لك كام؟
Potrei avere una ricevuta, per favore.	ʻāyez īṣāl men faḍlak. عايز إيصال، من فضلك.
Tenga il resto.	xally el bāʼy خللي الباقي

Può aspettarmi, per favore?	momken tesstannāny laww samaḥt? ممكن تستناني لو سمحت؟
cinque minuti	xamas daqāʼeq خمس دقائق
dieci minuti	ʻaʃar daqāʼeq عشر دقائق
quindici minuti	robʻ sāʻa ربع ساعة
venti minuti	telt sāʻa تلت ساعة
mezzora	noṣṣ sāʻa نص ساعة

Hotel

Salve.	ahlan أهلاً
Mi chiamo …	essmy … إسمي …
Ho prenotato una camera.	'andy ḥaggz عندي حجز

Ho bisogno di …	meḥtāg … محتاج …
una camera singola	γorfa moffrada غرفة مفردة
una camera doppia	γorfa mozzdawwaga غرفة مزدوجة
Quanto costa questo?	se'raha kām? سعرها كام؟
È un po' caro.	di γalya ʃewaya دي غالية شوية

Avete qualcos'altro?	'andak xayarāt tanya? عندك خيارات تانية؟
La prendo.	haxod-ha ح أخدها
Pago in contanti.	ḥaddfa' naqqdy ح أدفع نقدي

Ho un problema.	ana 'andy moʃkela أنا عندي مشكلة
Il mio … è rotto.	… maksūr …مكسور
Il mio … è fuori servizio.	… 'aṭlān /'aṭlāna/ …عطلان /عطلانة…
televisore	el televizyōn التليفزيون
condizionatore	el takyīf التكييف
rubinetto	el ḥanafiya (~ 'aṭlāna) الحنفية

doccia	el doʃ الدش
lavandino	el banyo البانيو
cassaforte	el xāzena (~ 'aṭlāna) الخازنة

serratura	'effl el bāb
	قفل الباب
presa elettrica	maxrag el kahraba
	مخرج الكهربا
asciugacapelli	mogaffef el ʃaʿr
	مجفف الشعر

Non ho …	maʿandīʃ …
	ما عنديش ...
l'acqua	maya
	مية
la luce	nūr
	نور
l'elettricità	kahraba
	كهربا

Può darmi …?	momken teddīny …?
	ممكن تديني ...؟
un asciugamano	fūṭa
	فوطة
una coperta	baṭṭaneya
	بطانية
delle pantofole	ʃebʃeb
	شبشب
un accappatoio	robe
	روب
dello shampoo	ʃambū
	شامبو
del sapone	ṣabūn
	صابون

Vorrei cambiare la camera.	aḥebb aɣayar el oḍa
	أحب أغير الأوضة
Non trovo la chiave.	meʃ lāʾy meftāḥy
	مش لاقي مفتاحي
Potrebbe aprire la mia camera, per favore?	momken tefftaḥ oḍḍty men faḍlak?
	ممكن تفتح أوضتي من فضلك؟
Chi è?	meyn henāk?
	مين هناك؟
Avanti!	ettfaḍḍal!
	إتفضل!
Un attimo!	daqīqa wāḥeda!
	دقيقة واحدة!
Non adesso, per favore.	meʃ dellwaʾty men faḍlak
	مش دلوقتي من فضلك

Può venire nella mia camera, per favore.	taʿāla oḍḍty laww samaḥt
	تعالى أوضتي لو سمحت
Vorrei ordinare qualcosa da mangiare.	ʿāyez ṭalab men xeddmet el wagabāt
	عايز طلب من خدمة الوجبات
Il mio numero di camera è …	raqam oḍḍty howa …
	رقم أوضتي هو ...

Parto …	ana māʃy …
	أنا ماشي …
Partiamo …	eḥna maʃyīn …
	إحنا ماشيين …
adesso	dellwaʾty
	دلوقتي
questo pomeriggio	baʿd el ẓohr
	بعد الظهر
stasera	el leyla di
	الليلة دي
domani	bokra
	بكرة
domani mattina	bokra el ṣobh
	بكرة الصبح
domani sera	bokra bel leyl
	بكرة بالليل
dopodomani	baʿd bokra
	بعد بكرة

Vorrei pagare.	aḥebb adfaʿ
	أحب أدفع
È stato tutto magnifico.	kol ʃeyʾ kan rāʾeʿ
	كل شيء كان رائع
Dove posso prendere un taxi?	feyn momken alāʾy taksi?
	فين ممكن ألاقي تاكسي؟
Potrebbe chiamarmi un taxi, per favore?	momken toṭṭlob lī taksi laww samaḥt?
	ممكن تطلب لي تاكسي لو سمحت؟

Al Ristorante

Posso vedere il menù, per favore?	momken aʃūf qāʾema ɛl ṭaʿām men faḍlak? ممكن أشوف قائمة الطعام من فضلك؟
Un tavolo per una persona.	tarabeyza le ʃaxṣ wāḥɛd ترابيزة لشخص واحد
Siamo in due (tre, quattro).	ehna etneyn (talāta, arɔaʿa) إحنا اتنين (ثلاثة، أربعة)
Fumatori	modaxenīn مدخنين
Non fumatori	ɣeyr moddaxenīn غير مدخنين
Mi scusi!	laww samaḥt لو سمحت
il menù	qāʾemat el ṭaʿām قائمة الطعام
la lista dei vini	qāʾemat el nebīz قائمة النبيذ
Posso avere il menù, per favore.	el qāʾema, laww samaḥt القائمة، لو سمحت
È pronto per ordinare?	mosstaʿed toṭlob? مستعد تطلب؟
Cosa gradisce?	hatāxod eh? ح تاخد إيه؟
Prendo …	ana hāxod … أنا ح أخد …
Sono vegetariano.	ana nabāty أنا نباتي
carne	laḥma لحم
pesce	samakk سمك
verdure	xodār خضار
Avete dei piatti vegetariani?	ʿandak aṭbāq nabātiya? عندك أطباق نباتية؟
Non mangio carne di maiale.	lā ʾāakol el xanzīr لا أكل الخنزير
Lui /lei/ non mangia la carne.	howwa /hiya/ la tākol el laḥm هو/هي/ لا تأكل اللحم

Sono allergico a ...	'andy ḥasasseya men ... عندي حساسية من ...
Potrebbe portarmi ...	momken tegīb lī ... ممكن تجيب لي...
del sale | del pepe | dello zucchero	melḥ | felfel | sokkar ملح ا فلفل ا سكر
un caffè | un tè | un dolce	'ahwa | ʃāy | ḥelw قهوة ا شاي ا حلو
dell'acqua | frizzante | naturale	meyāh | ɣaziya | 'adiya مياه ا غازية ا عادية
un cucchiaio | una forchetta | un coltello	ma'la'a | ʃowka | sekkīna ملعقة ا شوكة ا سكينة
un piatto | un tovagliolo	ṭabaq | fūṭa طبق ا فوطة

Buon appetito!	bel hana wel ʃefa بالهنا والشفا
Un altro, per favore.	waḥda kamān laww samaḥt واحدة كمان لو سمحت
È stato squisito.	kanet lazīza geddan كانت لذيذة جدا

il conto | il resto | la mancia	ʃīk | fakka | ba'ʃīʃ شيك افكة ابقشيش
Il conto, per favore.	momken el hesāb laww samaḥt? ممكن الحساب لو سمحت؟
Posso pagare con la carta di credito?	momken addfa' pe kart e'temān? ممكن أدفع بكارت إئتمان؟
Mi scusi, c'è un errore.	ana 'āssif, feyh ɣalṭa hena أنا آسف، في غلطة هنا

Shopping

Posso aiutarla?	momken asa'dak? ممكن أساعدك؟
Avete ...?	ya tara 'andak ...? يا ترى عندك ...؟
Sto cercando ...	ana badawwar 'la ... أنا بادور على ...
Ho bisogno di ...	mehtāg ... محتاج ...

Sto guardando.	ana battfarrag أنا بأتفرج
Stiamo guardando.	ehna benettfarrag إحنا بنتفرج
Ripasserò più tardi.	hāgy ba'deyn ح أجي بعدين
Ripasseremo più tardi.	haneygy ba'deyn ح نجي بعدين
sconti	saldi	taxfīdāt	okazyōn تخفيضات أوكازيون

Per favore, mi può far vedere ...?	momken tewarrīny ... laww samaht? ممكن توريني ... لو سمحت؟
Per favore, potrebbe darmi ...	momken teddīny ... laww samaht ممكن تديني ... لو سمحت
Posso provarlo?	momken a'īs? ممكن أقيس؟
Mi scusi, dov'è il camerino?	laww samaht, feyn el brova? لو سمحت، فين البروفا؟
Che colore desidera?	'āyez ayī lone? عايز أي لون؟
taglia	lunghezza	maqās	tūl مقاس	طول
Come le sta?	ya tara el maqās mazbūt? يا ترى المقاس مضبوظ؟

Quanto costa questo?	bekām? بكام؟
È troppo caro.	da ɣāly geddan دة غالي جدا
Lo prendo.	haftereyh ح أشتريه
Mi scusi, dov'è la cassa?	ba'd ezznak, addfa' feyn laww samaht? بعد إذنك، أدفع فين لو سمحت؟

Paga in contanti o con carta di credito?	ḥateddfa' naqqdan walla be kart e'temān? ح تدفع نقدا ولا بكارت إئتمان؟
In contanti | con carta di credito	naqdan | be kart e'temān نقدا l بكارت إئتمان

Vuole lo scontrino?
'āyez īṣāl?
عايز إيصال؟

Si, grazie.
aywā, men faḍlak
أيوة، من فضلك

No, va bene così.
lā, mafiʃ moʃkela
لا، ما فيش مشكلة

Grazie. Buona giornata!
ʃokran. yome saʿīd
شكرا. يوم سعيد

In città

Mi scusi, per favore …	ba'd ezznak, laww saṇaḥt
	بعد إذنك، لو سمحت
Sto cercando …	ana badawwar 'la …
	أنا بادور على ...
la metropolitana	metro el anfāʾ
	مترو الأنفاق
il mio albergo	el fondoʾ betāʾi
	الفندق بتاعي
il cinema	el sinema
	السينما
il posteggio taxi	maw'af taksi
	موقف تاكسي

un bancomat	makīnet ṣarraf 'āaly
	ماكينة صراف آلي
un ufficio dei cambi	maktab ṣarrafa
	مكتب صرافة
un internet café	maqha interneṭ
	مقهى انترنت
via …	ʃāreʿ…
	... شارع
questo posto	el makān da
	المكان دة

Sa dove si trova …?	hal teʿraf feyn …?
	هل تعرف فين ...؟
Come si chiama questa via?	essmu eyh el ʃāreʿ da?
	اسمه إيه الشارع دة؟
Può mostrarmi dove ci troviamo?	momken tewarrīny eḥna feyn dellwaʾty?
	ممكن توريني إحنا فين دلوقتي؟
Posso andarci a piedi?	momken awṣal ḥenāk māʃy?
	ممكن أوصل هناك ماشي؟
Avete la piantina della città?	'andak xarīṭa lel madīna?
	عندك خريطة للمدينة؟

Quanto costa un biglietto?	bekām tazkaret el doxūl?
	بكام تذكرة الدخول؟
Si può fotografare?	momken aṣṣawwar hena?
	ممكن أصور هنا؟
E' aperto?	entom fatt-ḥīn?
	إنتم فاتحين؟

Quando aprite?	emta betefftaḥu? إمتى بتفتحوا؟
Quando chiudete?	emta bete'ffelu? إمتى بتقفلوا؟

Soldi

Soldi	folūss فلوس
contanti	naqdy نقدي
banconote	folūss waraqiya فلوس ورقية
monete	fakka فكة
conto | resto | mancia	ʃīk | fakka | baʻʃīʃ شيك أفكة ابقشيش

carta di credito	kart eʻtemān كارت إئتمان
portafoglio	maḥfaza محفظة
comprare	ʃerā' شراء
pagare	dafʻ دفع
multa	ɣarāma غرامة
gratuito	maggānan مجانا

Dove posso comprare …?	feyn momken aʃtery …? فين ممكن أشتري ...؟
La banca è aperta adesso?	hal el bank fāteḥ dellwa'ty هل البنك فاتح دلوقتي؟
Quando apre?	emta betefftaḥ? إمتى بيفتح؟
Quando chiude?	emta beyeʻffel? إمتى بيقفل؟

Quanto costa?	bekām? بكام؟
Quanto costa questo?	bekām da? بكام دة؟
È troppo caro.	da ɣāly geddan دة غالي جدا

Scusi, dov'è la cassa?	baʻd ezznak, addfaʻ feyn laww samaḥtʔ بعد إذنك، أدفع فين لو سمحت؟
Il conto, per favore.	el ḥesāb men faḍlak الحساب من فضلك

Posso pagare con la carta di credito?	momken addfaʿ be kart eʾtemān?
	ممكن أدفع بكارت إئتمان؟
C'è un bancomat?	feyh hena makīnet ṣarraf ʾāaly?
	فيه هنا ماكينة صراف آلي؟
Sto cercando un bancomat.	baddawwar ʿla makīnet ṣarraf ʾālly
	بادور على ماكينة صراف آلي

Sto cercando un ufficio dei cambi.	baddawwar ʿla maktab ṣarrāfa
	بادور على مكتب صرافة
Vorrei cambiare ...	ʾāyez aɣayar ...
	عايز أغير ...
Quanto è il tasso di cambio?	seʿr el ʿomla kām?
	سعر العملة كام؟
Ha bisogno del mio passaporto?	enta mehtāg gawāz safary?
	إنت محتاج جواز سفري؟

Le ore

Che ore sono?	el sā'a kām? الساعة كام؟
Quando?	emta? إمتى؟
A che ora?	fi ayī sā'a? في أي ساعة؟
adesso | più tardi | dopo …	dellwa'ty | ba'deyn | ba'd … دلوقتي ا بعدين ا بعد ...
l'una	el sā'a waḥda الساعة واحدة
l'una e un quarto	el sā'a waḥda we rob' الساعة واحدة وربع
l'una e trenta	el sā'a waḥda we noṣṣ الساعة واحدة ونص
l'una e quarantacinque	el sā'a etneyn ellā rob' الساعة إتنين إلا ربع
uno | due | tre	waḥda | etneyn | talāta واحدة الاتنين اتلاتة
quattro | cinque | sei	arba'a | χamsa | setta أربعة خمسة ستة
sette | otto | nove	sabb'a | tamanya | tess'a سبعة ا تمانية اتسعة
dieci | undici | dodici	'aʃra | hedāʃar | etnāʃar عشرة ا حداشر ا اتناشر
fra …	fi … في ...
cinque minuti	χamas daqā'eq خمس دقائق
dieci minuti	'aʃar daqā'eq عشر دقائق
quindici minuti	rob' sā'a ربع ساعة
venti minuti	telt sā'a تلت ساعة
mezzora	noṣṣ sā'a نص ساعة
un'ora	sā'a ساعة

la mattina	el sobḥ
	الصبح
la mattina presto	el sobḥ badri
	الصبح بدري
questa mattina	el naharda el ṣobḥ
	النهاردة الصبح
domani mattina	bokra el ṣobḥ
	بكرة الصبح

all'ora di pranzo	fi noṣṣ el yome
	في نص اليوم
nel pomeriggio	ba'd el ẓohr
	بعد الظهر
la sera	bel leyl
	بالليل
stasera	el leyla di
	الليلة دي

la notte	bel leyl
	بالليل
ieri	emmbāreḥ
	إمبارح
oggi	el naharda
	النهاردة
domani	bokra
	بكرة
dopodomani	ba'd bokra
	بعد بكرة

Che giorno è oggi?	el naharda eyh fel ayām?
	النهاردة إيه في الأيام؟
Oggi è ...	el naharda ...
	النهاردة ...
lunedì	el etneyn
	الإتنين
martedì	el talāt
	التلات
mercoledì	el 'arba'
	الأربع

giovedì	el χamīs
	الخميس
venerdì	el gumu'ā
	الجمعة
sabato	el sabt
	السبت
domenica	el ḥadd
	الحد

Saluti - Presentazione

Salve.	ahlan
	أهلا
Lieto di conoscerla.	sa'īd be leqā'ak
	سعيد بلقائك
Il piacere è mio.	ana ass'ad
	أنا أسعد
Vi presento ...	a'arrafak be ...
	أعرفك بـ ...
Molto piacere.	forsa sa'īda
	فرصة سعيدة

Come sta?	ezzayak?
	إزيك؟
Mi chiamo ...	esmy ...
	أسمي ...
Si chiama ... (m)	essmu ...
	إسمه ...
Si chiama ... (f)	essmaha ...
	إسمها ...
Come si chiama?	essmak eyh?
	إسمك إيه؟
Come si chiama lui?	essmu eyh?
	إسمه إيه؟
Come si chiama lei?	essmaha eyh?
	إسمها إيه؟

Qual'è il suo cognome?	essm 'ā'eltak eyh?
	إسم عائلتك إيه؟
Può chiamarmi ...	te'ddar tenadīny be...
	تقدر تناديني بـ....
Da dove viene?	enta meneyn?
	إنت منين؟
Vengo da ...	ana men ...
	أنا من ...
Che lavoro fa?	beteftayal eh?
	بتشتغل إيه؟
Chi è?	meyn da
	مين دة
Chi è lui?	meyn howwa?
	مين هو؟
Chi è lei?	meyn hiya?
	مين هي؟
Chi sono loro?	meyn homm?
	مين هم؟

Questo è ...	da yeb'ā ... دة يبقى ...
il mio amico	ṣadīqy صديقي
la mia amica	ṣadīqaty صديقتي
mio marito	gouzy جوزي
mia moglie	merāty مراتي

mio padre	waldy والدي
mia madre	waldety والدتي
mio fratello	aҳūya أخويا
mio figlio	ebny إبني
mia figlia	bennty بنتي

Questo è nostro figlio.	da ebnena دة إبننا
Questa è nostra figlia.	di benntena دي بنتنا
Questi sono i miei figli.	dole awwlādy دول أولادي
Questi sono i nostri figli.	dole awwladna دول أولادنا

Saluti di commiato

Arrivederci!	ella alliqā'
	إلى اللقاء
Ciao!	salām
	سلام
A domani.	aʃūfak bokra
	أشوفك بكرة
A presto.	aʃūfak orayeb
	أشوفك قريب
Ci vediamo alle sette.	aʃūfak el sā'a sab'a
	أشوفك الساعة سبعة
Divertitevi!	esstammte'!
	إستمتع!
Ci sentiamo più tardi.	netkallem ba'deyn
	نتكلم بعدين
Buon fine settimana.	'oṭṭlet osbū' saʕīda
	عطلة أسبوع سعيدة
Buona notte	teṣṣbaḥ 'la xeyr
	تصبح على خير
Adesso devo andare.	gā' waqt el zehāb
	جاء وقت الذهاب
Devo andare.	lāzem amʃy
	لازم أمشي
Torno subito.	ḥarga' 'la ṭūl
	ح أرجع على طول
È tardi.	el waqt mett'axar
	الوقت متأخر
Domani devo alzarmi presto.	lāzem aṣṣ-ḥa badry
	لازم أصحى بدري
Parto domani.	ana māʃy bokra
	أنا ماشي بكرة
Partiamo domani.	eḥḥna maʃyīn bokra
	إحنا ماشيين بكرة
Buon viaggio!	reḥla saʕīda!
	رحلة سعيدة!
È stato un piacere conoscerla.	forṣa saʕīda
	فرصة سعيدة
È stato un piacere parlare con lei.	sa'eddt bel kalām ma'ak
	سعدت بالكلام معك
Grazie di tutto.	ʃokran 'la koll ʃey'
	شكرا على كل شيء

Mi sono divertito.	ana qaḍḍayt waqt saʿīd أنا قضيت وقت سعيد
Ci siamo divertiti.	eḥna 'aḍḍeyna wa't saʿīd إحنا قضينا وقت سعيد
È stato straordinario.	kan bel feʿl rā'eʿ كان بالفعل رائع
Mi mancherà.	hatewwḥaʃīny ح توحشني
Ci mancherà.	hatewwḥaʃna ح توحشنا

Buona fortuna!	ḥazz saʿīd! حظ سعيد!
Mi saluti …	taḥīāty le… تحياتي لـ...

Lingua straniera

Non capisco.
ana meʃ fāhem
أنا مش فاهم

Può scriverlo, per favore.
ektebha laww samaḥt
إكتبها لو سمحت

Parla …?
enta betettkalem …?
انت بتتكلم …؟

Parlo un po' …
ana battkallem ʃewaya …
أنا بأتكلم شوية …

inglese
engilīzy
انجليزي

turco
torky
تركي

arabo
ʿaraby
عربي

francese
faransāwy
فرنساوي

tedesco
almāny
ألماني

italiano
iṭāly
إيطالي

spagnolo
asbāny
أسباني

portoghese
bortoɣāly
برتغالي

cinese
ṣīny
صيني

giapponese
yabāny
ياباني

Può ripetere, per favore.
momken teʿīd el kalām men faḍlak?
ممكن تعيد الكلام من فضلك؟

Capisco.
ana fāhem
انا فاهم

Non capisco.
ana meʃ fāhem
انا مش فاهم

Può parlare più piano, per favore.
momken tetkallem abṭaʾ laww samaḥt?
ممكن تتكلم ابطأ لو سمحت؟

È corretto?
keda ṣaḥḥ?
كدة صح؟

Cos'è questo? (Cosa significa?)
eh da?
إيه دة؟

Chiedere scusa

Mi scusi, per favore.	ba'd ezznak, laww samaḥt بعد إذنك، لو سمحت
Mi dispiace.	ana 'āṣṣif أنا آسف
Mi dispiace molto.	ana 'āṣṣif beggad أنا آسف بجد
Mi dispiace, è colpa mia.	ana 'āṣṣif, di ɣalṭeti أنا آسف، دي غلطتي
È stato un mio errore.	ɣalṭety غلطتي

Posso …?	momken …? ممكن ...؟
Le dispiace se …?	teḍḍāyi' laww …? تتضايق لو ...؟
Non fa niente.	mafiʃ moʃkela ما فيش مشكلة
Tutto bene.	kollo tamām كله تمام
Non si preoccupi.	mate'la'ʃ ما تقلقش

Essere d'accordo

Sì.	aywā أيوة
Sì, certo.	aywa, akīd ايوة، أكيد
Bene.	tamām تمام
Molto bene.	kowayīs geddan كويس جدا
Certamente!	bekol ta'kīd! بكل تأكيد!
Sono d'accordo.	mewāfe' موافق
Esatto.	da ṣaḥīḥ دة صحيح
Giusto.	da ṣaḥḥ دة صح
Ha ragione.	kalāmak ṣaḥḥ كلامك صح
È lo stesso.	ma'andīʃ māne' ما عنديش مانع
È assolutamente corretto.	ṣaḥḥ tamāman صح تماما
È possibile.	momken ممكن
È una buona idea.	di fekra kewayīsa دي فكرة كويسة
Non posso dire di no.	ma'darʃ a'ūl la' ما أقدرش أقول لأ
Ne sarei lieto /lieta/.	bekol sorūr حكون سعيد
Con piacere.	bekol sorūr بكل سرور

Diniego. Esprimere incertezza

No.	la'a لأ
Sicuramente no.	akīd la' أكيد لأ
Non sono d'accordo.	meʃ mewāfe' مش موافق
Non penso.	ma 'azzonneʃ keda ما أظنش كدة
Non è vero.	da meʃ saḥīḥ دة مش صحيح
Si sbaglia.	enta ɣalṭān إنت غلطان
Penso che lei si stia sbagliando.	azonn ennak ɣalṭān أظن إنك غلطان
Non sono sicuro.	meʃ akīd مش أكيد
È impossibile.	da mos-taḥīl دة مستحيل
Assolutamente no!	mafiʃ ḥāga keda! ما فيش حاجة كدة!
Esattamente il contrario!	el 'akss tamāman العكس تماما
Sono contro.	ana dedd da أنا ضد دة
Non m'interessa.	ma yehemmenīʃ ما يهمنيش
Non ne ho idea.	ma'andīʃ fekra ما عنديش فكرة
Dubito che sia così.	aʃokk fe da أشك في دة
Mi dispiace, non posso.	'āsseʃ ma 'qdarʃ آسف، ما أقدرش
Mi dispiace, non voglio.	'āssef meʃ 'ayez آسف، مش عايز
Non ne ho bisogno, grazie.	ʃokran, bass ana meʃ meḥtāg loh شكرا، بس أنا مش محتاج له
È già tardi.	el waqt mett'aχar الوقت متأخر

Devo alzarmi presto.

lāzem aṣṣ-ha badry

لازم أصحى بدري

Non mi sento bene.

ana ta'bān

أنا تعبان

Esprimere gratitude

Grazie.	ʃokran شكراً
Grazie mille.	ʃokran gazīlan شكراً جزيلاً
Le sono riconoscente.	ana ħaʼiʼi meʼaddar da أنا حقيقي مقدر دة
Le sono davvero grato.	ana mommtann līk geddan أنا ممتن لك جداً
Le siamo davvero grati.	eħna mommtannīn līk geddan إحنا ممتنين لك جداً

Grazie per la sua disponibilità.	ʃokran ʻla waʼtak شكراً على وقتك
Grazie di tutto.	ʃokran ʻla koll ʃeyʼ شكراً على كل شيء
Grazie per ...	ʃokran ʻla ... شكراً على ...
il suo aiuto	mosaʻdetak مساعدتك
il bellissimo tempo	el waqt الوقت اللطيف

il delizioso pranzo	wagba rāʼeʻa وجبة رائعة
la bella serata	amsiya mummteʻa أمسية ممتعة
la bella giornata	yome rāʼeʻ يوم رائع
la splendida gita	reħla mod-heʃa رحلة مدهشة

Non c'è di che.	lā ʃokr ʻla wāgeb لا شكر على واجب
Prego.	el ʻafw العفو
Con piacere.	ayī waqt أي وقت
È stato un piacere.	bekol sorūr بكل سرور
Non ci pensi neanche.	ennsa إنسى
Non si preoccupi.	mateʼlaʃ ما تقلقش

Congratulazioni. Auguri

Congratulazioni!	ohanﬢīk! أهنيك!
Buon compleanno!	ʿīd milād saʿīd! عيد ميلاد سعيد!
Buon Natale!	ʿīd milād saʿīd! عيد ميلاد سعيد!
Felice Anno Nuovo!	sana gedīda saʿīda! سنة جديدة سعيدة!

Buona Pasqua!	ʃamm nessīm saʿīd! شم نسيم سعيد!
Felice Hanukkah!	hanūka saʿīda! هانوكا سعيدة!

Vorrei fare un brindisi.	aḥebb aqtareḥ neʃrab naχab أحب أقترح نشرب نخب
Salute!	fi seḥḥettak في صحتك
Beviamo a …!	yalla neʃrab fe …! ياللا نشرب في …!
Al nostro successo!	nagāḥna نجاحنا
Al suo successo!	nagāḥak نجاحك

Buona fortuna!	ḥazz saʿīd! حظ سعيد!
Buona giornata!	nahārak saʿīd! نهارك سعيد!
Buone vacanze!	agāza ṭayeba! أجازة طيبة!
Buon viaggio!	trūḥ bel salāma! تروح بالسلامة!
Spero guarisca presto!	atmanna ennak tataʿāfa besorʿa! أتمنى إنك تتعافى بسرعة!

Socializzare

Perchè è triste?	enta leyh za'lān? إنت ليه زعلان؟
Sorrida!	ebbtassem! farrfeʃ! إبتسم! فرفش!
È libero stasera?	enta fādy el leyla di? إنت فاضي الليلة دي؟

Posso offrirle qualcosa da bere?	momken a'zemak 'la maʃrūb? ممكن أعزمك على مشروب؟
Vuole ballare?	teḥebb torr'oṣṣ? تحب ترقص؟
Andiamo al cinema.	yalla nerūh el sinema ياللا نروح السينما

Posso invitarla ...?	momken a'zemak 'la ...? ممكن أعزمك على ...؟
al ristorante	maṭṭ'am مطعم
al cinema	el sinema السينما
a teatro	el masraḥ المسرح
a fare una passeggiata	tamʃeya تمشية

A che ora?	fi ayī sā'a? في أي ساعة؟
stasera	el leyla di الليلة دي
alle sei	el sā'a setta الساعة ستة
alle sette	el sā'a sab'a الساعة سبعة
alle otto	el sā'a tamanya الساعة تمانية
alle nove	el sā'a tess'a الساعة تسعة

Le piace qui?	ya tara 'agbak el makān? يا ترى عاجبك المكان؟
È qui con qualcuno?	enta hena ma' ḥadd? إنت هنا مع حد؟
Sono con un amico /una amica/.	ana ma' ṣadīq أنا مع صديق

Sono con i miei amici.	ana maʿ aṣṣdīqāʾ
	أنا مع أصدقاء
No, sono da solo /sola/.	lā, ana waḥḥdy
	لا، أنا وحدي

Hai il ragazzo?	hal ʿandak ṣadīq?
	هل عندك صديق؟
Ho il ragazzo.	ana ʿandy ṣadīq
	أنا عندي صديق
Hai la ragazza?	hal ʿandak ṣadīqa?
	هل عندك صديقة؟
Ho la ragazza.	ana ʿandy ṣadīqa
	أنا عندي صديقة

Posso rivederti?	aʿdar aʃūfak tāny?
	أقدر أشوفك تاني؟
Posso chiamarti?	aʿdar atteṣel bˉk?
	أقدر أتصل بك؟
Chiamami.	ettaṣṣel bī
	إتصل بي
Qual'è il tuo numero?	eh raqamek?
	إيه رقمك؟
Mi manchi.	waḥaʃtīny
	وحشتني

Ha un bel nome.	essmek gamīl
	إسمك جميل
Ti amo.	oḥebbek
	أحبك
Mi vuoi sposare?	tettgawwezīny?
	تتجوزيني؟
Sta scherzando!	enta bett-hazzar!
	إنت بتهزر!
Sto scherzando.	ana bahazzar bas
	أنا باهزر بس

Lo dice sul serio?	enta bettettkallem gad?
	إنت بتتكلم جد؟
Sono serio.	ana gād
	أنا جاد
Davvero?!	ṣaḥīḥ?
	صحيح؟
È incredibile!	meʃ maʿʾūl!
	مش معقول!
Non le credo.	ana meʃ meṣṣacʾāk
	أنا مش مصدقاك
Non posso.	maʾdarʃ
	ما أقدرش
No so.	maʾrafʃ
	ما أعرفش
Non la capisco.	meʃ fahmāk
	مش فاهماك

Per favore, vada via.	men faḍlak temʃy
	من فضلك تمشي
Mi lasci in pace!	sebbny lewaḥḥdy!
	سيبني لوحدي!

Non lo sopporto.	ana lā aṭīqo
	أنا لا أطيقه
Lei è disgustoso!	enta mo'reff
	إنت مقرف
Chiamo la polizia!	ḥaṭṭlob el ʃorṭa
	ح أطلب الشرطة

Comunicare impressioni ed emozioni

Mi piace.	ye'gebny يعجبني
Molto carino.	laṭīf geddan لطيف جدا
È formidabile!	da rā'e' دة رائع
Non è male.	da meʃ saye' دة مش سيء
Non mi piace.	meʃ 'agebny مش عاجبني
Non è buono.	meʃ kowayīs مش كويس
È cattivo.	da saye' دة سيء
È molto cattivo.	da saye' geddan دة سيء جدا
È disgustoso.	da mo'rreff دة مقرف
Sono felice.	ana saʿīd أنا سعيد
Sono contento /contenta/.	ana mabsūṭ أنا مبسوط
Sono innamorato /innamorata/.	ana baḥebb أنا باحب
Sono calmo.	ana hādy أنا هادي
Sono annoiato.	ana zaḥ'ān أنا زهقان
Sono stanco /stanca/.	ana ta'bān أنا تعبان
Sono triste.	ana ḥazīn أنا حزين
Sono spaventato.	ana χāyef أنا خايف
Sono arrabbiato /arrabiata/.	ana ɣadbān أنا غضبان
Sono preoccupato /preoccupata/.	ana qalqān أنا قلقان
Sono nervoso /nervosa/.	ana mutawwatter أنا متوتر

Sono geloso /gelosa/.

ana ɣayrān
أنا غيران

Sono sorpreso /sorpresa/.

ana mutafāge'
أنا متفاجئ

Sono perplesso.

ana morrtabek
أنا مرتبك

Problemi. Incidenti

Ho un problema.	ana 'andy moʃkəla
	أنا عندي مشكلة
Abbiamo un problema.	ehna 'andena moʃkela
	إحنا عندنا مشكلة
Sono perso /persa/.	ana tāʒeh
	أنا تايه
Ho perso l'ultimo autobus (treno).	fātny 'āaҳer otoϿiis
	فاتني آخر أوتوبيس
Non ho più soldi.	meʃ fādel ma'aya flūss
	مش فاضل معايا فلوس

Ho perso ...	ḍāʿ menny ... bєtāʿy
	ضاع مني ... بتاعي
Mi hanno rubato ...	ḥadd sara' ... bєtāʿy
	حد سرق ... بتاعي
il passaporto	bassbore
	باسبور
il portafoglio	maḥfaza
	محفظة
i documenti	awwarā'
	أوراق
il biglietto	tazzkara
	تذكرة

i soldi	folūss
	فلوس
la borsa	ʃannta
	شنطة
la macchina fotografica	kamera
	كاميرا
il computer portatile	lab tob
	لاب توب
il tablet	tablet
	تابلت
il telefono cellulare	telefon maḥmūl
	تليفون محمول

Aiuto!	sāʿdny!
	ساعدني!
Che cosa è successo?	eh elly ḥaṣal?
	إيه إللي حصل؟
fuoco	harīqa
	حريقة

sparatoria	ḍarrb nār
	ضرب نار
omicidio	qattl
	قتل
esplosione	ennfegār
	إنفجار
rissa	xenā'a
	خناقة

Chiamate la polizia!	ettaṣel bel ʃorṭa!
	اتصل بالشرطة!
Per favore, faccia presto!	besor'a men faḍlak!
	بسرعة من فضلك!
Sto cercando la stazione di polizia.	baddawwar 'la qessm el ʃorṭa
	بادور على قسم الشرطة
Devo fare una telefonata.	mehtāg a'mel mokalma telefoneya
	محتاج أعمل مكالمة تليفونية
Posso usare il suo telefono?	momken asstaxdem telefonak?
	ممكن أستخدم تليفونك؟

Sono stato /stata/ …	ana kont …
	أنا كنت …
aggredito /aggredita/	ettnaʃalt
	اتنشلت
derubato /derubata/	ettsaraqt
	اتسرقت
violentata	oxtiṣabt
	اغتصبت
assalito /assalita/	ta'arraḍt le e'tedā'
	تعرضت لإعتداء

Lei sta bene?	enta bexeyr?
	إنت بخير؟
Ha visto chi è stato?	ya tara ʃoft meyn?
	يا ترى شفت مين؟
È in grado di riconoscere la persona?	te'ddar tett'arraf 'la el ʃaxs da?
	تقدر تتعرف على الشخص دة؟
È sicuro?	enta muta'kked?
	إنت متأكد؟

Per favore, si calmi.	argūk ehḍa
	أرجوك إهدا
Si calmi!	hawwen 'aleyk!
	هون عليك!
Non si preoccupi.	mate'la'ʃ!
	ما تقلقش!
Andrà tutto bene.	kol ʃey' haykūn tamām
	كل شيء ح يكون تمام
Va tutto bene.	kol ʃey' tamām
	كل شيء تمام
Venga qui, per favore.	ta'āla hena laww samaḥt
	تعالى هنا لو سمحت

Devo porle qualche domanda.　　　'andy līk as'ela
عندي لك أسئلة

Aspetti un momento, per favore.　　esstanna lahza men fadlak
إستنى لحظة من فضلك

Ha un documento d'identità?　　'andak raqam qawwmy
عندك رقم قومي

Grazie. Può andare ora.　　ʃokran. momken temʃy dellwa'ty
شكرا. ممكن تمشي دلوقتي

Mani dietro la testa!　　eydeyk wara rāsak!
إيديك ورا راسك!

È in arresto!　　enta maqbūḍ 'aleyk!
إنت مقبوض عليك!

Problemi di salute

Mi può aiutare, per favore.	argūk sā'dny أرجوك ساعدني
Non mi sento bene.	ana ta'bān أنا تعبان
Mio marito non si sente bene.	gouzy ta'bān جوزي تعبان
Mio figlio ...	ebny ... إبني ...
Mio padre ...	waldy ... والدي ...
Mia moglie non si sente bene.	merāty ta'bāna مراتي تعابة
Mia figlia ...	bennty ... بنتي ...
Mia madre ...	waldety ... وألدتي ...
Ho mal di ...	ana 'andy ... أنا عندي ...
testa	ṣodā' صداع
gola	eḥtiqān fel zore إحتقان في الزور
pancia	maɣaṣṣ مغص
denti	alam aṣnān ألم أسنان
Mi gira la testa.	ʃā'er be dawār شاعر بدوار
Ha la febbre. (m)	'andak ḥomma عنده حمي
Ha la febbre. (f)	'andaha ḥomma عندها حمي
Non riesco a respirare.	meʃ 'āder attnaffess مش قادر أتنفس
Mi manca il respiro.	meʃ 'āder attnaffess مش قادر أتنفس
Sono asmatico.	ana 'andy azzma أنا عندي أزمة
Sono diabetico /diabetica/.	ana 'andy el sokkar أنا عندي السكر

Soffro d'insonnia.	meʃ ʾāder anām
	مش قادر أنام
intossicazione alimentare	tassammom ɣezāʾy
	تسمم غذائي

Fa male qui.	betewwgaʿ hena
	بتوجع هنا
Mi aiuti!	sāʿedny!
	ساعدني!
Sono qui!	ana hena!
	أنا هنا!
Siamo qui!	ehna hena!
	إحنا هنا!
Mi tiri fuori di qui!	ɣarragūny men hena
	خرجوني من هنا
Ho bisogno di un dottore.	ana mehtāg ṭabīb
	أنا محتاج طبيب
Non riesco a muovermi.	meʃ ʾāder at-ḥarrak
	مش قادر أتحرك
Non riesco a muovere le gambe.	meʃ ʾāder aḥarrak regiaya
	مش قادر أحرك رجلية

Ho una ferita.	ʾandy garrhḥ
	عندي جرح
È grave?	da beggad?
	دة بجد؟
I miei documenti sono in tasca.	awwrāʾy fi geyby
	أوراقي في جيبي
Si calmi!	ehhdaʾ!
	إهدا!
Posso usare il suo telefono?	momken asstaɣdem ʾelefonak?
	ممكن أستخدم تليفونك؟

Chiamate l'ambulanza!	oṭlob ʾarabeyet esʾāf!
	أطلب عربية إسعاف!
È urgente!	di ḥāla messtaʿgela!
	دي حالة مستعجلة!
È un'emergenza!	di ḥāla ṭāreʾa!
	دي حالة طارئة!
Per favore, faccia presto!	besorʿa men faḍlak!
	بسرعة من فضلك!
Per favore, chiamate un medico.	momken tekallem doktore men faḍlak?
	ممكن تكلم دكتور من فضلك؟
Dov'è l'ospedale?	feyn el mostaʃfa?
	فين المستشفى؟

Come si sente?	ḥāsses be eyh dellwaʾty
	حاسس بإيه دلوقتي؟
Sta bene?	enta beɣeyr?
	إنت بخير؟
Che cosa è successo?	eh elly ḥasal?
	إيه إللي حصل؟

Mi sento meglio ora.   ana ḥāsseṣ eny aḥssan dellwa'ty
                              أنا حاسس إني أحسن دلوقتي

Va bene.   tamām
                              تمام

Va tutto bene.   kollo tamām
                              كله تمام

In farmacia

farmacia	ṣaydaliya صيدلية
farmacia di turno	ṣaydaliya arb'a we 'eʃrīn ṣā'a صيدلية 24 ساعة
Dov'è la farmacia più vicina?	feyn aqrab ṣaydaliya? فين أقرب صيدلية؟
È aperta a quest'ora?	hiya fat-ḥa dellwa'ty? هي فاتحة دلوقتي؟
A che ora apre?	betefftaḥ emta? بتفتح إمتى؟
A che ora chiude?	bete'ffel emta? بتقفل إمتى؟
È lontana?	hiya be'eyda? هي بعيدة؟
Posso andarci a piedi?	momken awṣal henāk māʃy? ممكن أوصل هناك ماشي؟
Può mostrarmi sulla piantina?	momken tewarrīny 'lal xarīṭa? ممكن توريني على الخريطة؟
Per favore, può darmi qualcosa per ...	men faḍlak eddīny ḥāga le… من فضلك إديني حاجة لـ...
il mal di testa	el sodā' الصداع
la tosse	el kohḥa الكحة
il raffreddore	el bard البرد
l'influenza	influenza الأنفلونزا
la febbre	el ḥumma الحمى
il mal di stomaco	el maγaṣṣ المغص
la nausea	el γasayān الغثيان
la diarrea	el es-hāl الإسهال
la costipazione	el emsāk الإمساك
mal di schiena	alam fel ẓahr ألم في الظهر

dolore al petto	alam fel ṣadr
	ألم في الصدر
fitte al fianco	ɣorrza ganebiya
	غرزة جانبية
dolori addominali	alam fel baṭṭn
	ألم في البطن

pastiglia	ḥabba
	حبة
pomata	marham, krīm
	مرهم، كريم
sciroppo	ʃarāb
	شراب
spray	baxāx
	بخاخ
gocce	noqaṭṭ
	نقط

Deve andare in ospedale.	enta mehtāg terūḥ
	انت محتاج تروح المستشفى
assicurazione sanitaria	ta'mīn ṣeḥhy
	تأمين صحي
prescrizione	roʃetta
	روشتة
insettifugo	ṭāred lel haʃarāt
	طارد للحشرات
cerotto	blastar
	بلاستر

Il minimo indispensabile

Mi scusi, ...	ba'd ezznak, ... بعد إذنك، ...
Buongiorno.	ahlan أهلا
Grazie.	ʃokran شكراً
Arrivederci.	ella alliqā' إلى اللقاء
Sì.	aywā أيوة
No.	la'a لأ
Non lo so.	ma'raʃʃ ما أعرفش
Dove? | Dove? (~ stai andando?) | Quando?	feyn? | lefeyn? | emta? فين؟ | لفين؟ | إمتى؟
Ho bisogno di ...	meḥtāg ... محتاج ...
Voglio ...	'āyez ... عايز ...
Avete ...?	ya tara 'andak ...? يا ترى عندك ...؟
C'è un /una/ ... qui?	feyh hena ...? فيه هنا ...؟
Posso ...?	momken ...? ممكن ...؟
per favore	... men faḍlak ... من فضلك
Sto cercando ...	ana badawwar 'la ... أنا بادور على ...
il bagno	ḥammām حمام
un bancomat	makīnet ṣarraf 'āaly ماكينة صراف آلي
una farmacia	ṣaydaliya صيدلية
un ospedale	mostaʃfa مستشفى
la stazione di polizia	'essm el ʃorṭa قسم شرطة
la metro	metro el anfā' مترو الأنفاق

un taxi	taksi
	تاكسي
la stazione (ferroviaria)	maḥattet el ʾaṭṭr
	محطة القطر

Mi chiamo ...	essmy ...
	إسمي...
Come si chiama?	essmak eyh?
	اسمك إيه؟
Mi può aiutare, per favore?	teʾddar tesāʿdny?
	تقدر تساعدني؟
Ho un problema.	ana ʿandy moʃkela
	أنا عندي مشكلة
Mi sento male.	ana taʿbān
	أنا تعبان
Chiamate l'ambulanza!	oṭlob ʿarabeyet esʿāf!
	أطلب عربية إسعاف!
Posso fare una telefonata?	momken aʿmel moḳalma telefoniya?
	ممكن أعمل مكالمة تليفونية؟

Mi dispiace.	ana ʾāṣṣif
	أنا آسف
Prego.	el ʿafw
	العفو

io	ana
	أنا
tu	enta
	أنت
lui	howwa
	هو
lei	hiya
	هي
loro (m)	homm
	هم
loro (f)	homm
	هم
noi	eḥna
	احنا
voi	entom
	انتم
Lei	ḥaḍḍretak
	حضرتك

ENTRATA	doxūl
	دخول
USCITA	xorūg
	خروج
FUORI SERVIZIO	ʿaṭlān
	عطلان
CHIUSO	moɣlaq
	مغلق

APERTO   maftūḥ
          مفتوح

DONNE   lel sayedāt
          للسيدات

UOMINI   lel regāl
          للرجال

VOCABOLARIO SUDDIVISO PER ARGOMENTI

Questa sezione contiene
più di 3.000 termini tra i più
importanti. Il dizionario sarà
un inestimabile aiuto durante
i vostri viaggi all'estero,
in quanto contiene termini
di uso quotidiano che
permetteranno di farvi capire
facilmente.
Il dizionario include un'utile
trascrizione fonetica per ogni
termine straniero

T&P Books Publishing

INDICE DEL DIZIONARIO

T&P Books Publishing

CONCETTI DI BASE

T&P Books Publishing

1. Pronomi

io	ana	أنا
tu (masc.)	anta	أنت
tu (fem.)	anti	أنت
lui	huwa	هو
lei	hiya	هي
noi	naḥnu	نحن
voi	antum	أنتم
loro	hum	هم

2. Saluti. Convenevoli

Buongiorno!	as salāmu ʻalaykum!	السلام عليكم!
Buongiorno! (la mattina)	ṣabāḥ al ҳayr!	صباح الخير!
Buon pomeriggio!	nahārak saʻīd!	نهارك سعيد!
Buonasera!	masāʼ al ҳayr!	مساء الخير!
salutare (vt)	sallam	سلَّم
Ciao! Salve!	salām!	سلام!
saluto (m)	salām (m)	سلام
salutare (vt)	sallam ʻala	سلَّم على
Come sta? Come stai?	kayfa ḥāluka?	كيف حالك؟
Che c'è di nuovo?	ma aҳbārak?	ما أخبارك؟
Arrivederci!	maʻ as salāma!	مع السلامة!
A presto!	ilal liqāʼ!	إلى اللقاء!
Addio!	maʻ as salāma!	مع السلامة!
congedarsi (vr)	waddaʻ	ودّع
Ciao! (A presto!)	bay bay!	باي باي!
Grazie!	ʃukran!	شكرًا!
Grazie mille!	ʃukran ӡazīlan!	شكرًا جزيلًا!
Prego	ʻafwan	عفوا
Non c'è di che!	la ʃukr ʻala wāӡib	لا شكر على واجب
Di niente	al ʻafw	العفو
Scusa!	ʻan iðnak!	عن أذنك!
Scusi!	ʻafwan!	عفوًا!
scusare (vt)	ʻaðar	عذر
scusarsi (vr)	iʻtaðar	إعتذر
Chiedo scusa	ana ʼāsif	أنا آسف

Mi perdoni!	la tu'āχiðni!	لا تؤاخذني!
perdonare (vt)	'afa	عفا
per favore	min faḍlak	من فضلك

Non dimentichi!	la tansa!	لا تنس!
Certamente!	ṭab'an!	طبعًا!
Certamente no!	abadan!	أبدًا!!
D'accordo!	ittafaqna!	إتفقنا!
Basta!	kifāya!	كفاية!

3. Domande

Chi?	man?	من؟
Che cosa?	māða?	ماذا؟
Dove? (in che luogo?)	ayna?	أين؟
Dove? (~ vai?)	ila ayna?	إلى أين؟
Di dove?, Da dove?	min ayna?	من أين؟
Quando?	mata?	متى؟
Perché? (per quale scopo?)	li māða?	لماذا؟
Perché? (per quale ragione?)	li māða?	لماذا؟

Per che cosa?	li māða?	لماذا؟
Come?	kayfa?	كيف؟
Che? (~ colore è?)	ay?	أي؟
Quale?	ay?	أي؟

A chi?	li man?	لمن؟
Di chi?	'amman?	عمّن؟
Di che cosa?	'amma?	عمّا؟
Con chi?	ma' man?	مع من؟

| Quanti?, Quanto? | kam? | كم؟ |
| Di chi? | li man? | لمن؟ |

4. Preposizioni

con (tè ~ il latte)	ma'	مع
senza	bi dūn	بدون
a (andare ~ ...)	ila	إلى
di (parlare ~ ...)	'an	عن
prima di ...	qabl	قبل
di fronte a ...	amām	أمام

sotto (avv)	taḥt	تحت
sopra (al di ~)	fawq	فوق
su (sul tavolo, ecc.)	'ala	على

da, di (via da ..., fuori di ...)	min	من
di (fatto ~ cartone)	min	من
fra (~ dieci minuti)	ba'd	بعد
attraverso (dall'altra parte)	'abr	عبر

5. Parole grammaticali. Avverbi. Parte 1

Dove?	ayna?	أين؟
qui (in questo luogo)	huna	هنا
lì (in quel luogo)	hunāk	هناك
da qualche parte (essere ~)	fi makānin ma	في مكان ما
da nessuna parte	la fi ay makān	لا في أي مكان
vicino a ...	bi ʒānib	بجانب
vicino alla finestra	bi ʒānib aʃ ʃubbāk	بجانب الشبّاك
Dove?	ila ayna?	إلى أين؟
qui (vieni ~)	huna	هنا
ci (~ vado stasera)	hunāk	هناك
da qui	min huna	من هنا
da lì	min hunāk	من هناك
vicino, accanto (avv)	qarīban	قريبًا
lontano (avv)	ba'īdan	بعيدًا
vicino (~ a Parigi)	'ind	عند
vicino (qui ~)	qarīban	قريبًا
non lontano	ɣayr ba'īd	غير بعيد
sinistro (agg)	al yasār	اليسار
a sinistra (rimanere ~)	'alaʃ ʃimāl	على الشمال
a sinistra (girare ~)	ilaʃ ʃimāl	إلى الشمال
destro (agg)	al yamīn	اليمين
a destra (rimanere ~)	'alal yamīn	على اليمين
a destra (girare ~)	llal yamīn	إلى اليمين
davanti	min al amām	من الأمام
anteriore (agg)	amāmiy	أمامي
avanti	ilal amām	إلى الأمام
dietro (avv)	warā'	وراء
da dietro	min al warā'	من الوراء
indietro	ilal warā'	إلى الوراء
mezzo (m), centro (m)	wasaṭ (m)	وسط
in mezzo, al centro	fil wasat	في الوسط

di fianco	bi ʒānib	بجانب
dappertutto	fi kull makān	في كل مكان
attorno	ḥawl	حول

da dentro	min ad dāxil	من الداخل
da qualche parte (andare ~)	ila ayy makān	إلى أيّ مكان
dritto (direttamente)	bi aqṣar ṭarīq	بأقصر طريق
indietro	ʾīyāban	إيابًا

| da qualsiasi parte | min ayy makān | من أي مكان |
| da qualche posto (veniamo ~) | min makānin ma | من مكان ما |

in primo luogo	awwalan	أوَّلًا
in secondo luogo	θāniyan	ثانيًا
in terzo luogo	θāliθan	ثالثًا

all'improvviso	faʒ'a	فجأة
all'inizio	fil bidāya	في البداية
per la prima volta	li 'awwal marra	لأوّل مرّة
molto tempo prima di...	qabl ... bi mudda ṭawīla	قبل...بمدّة طويلة
di nuovo	min ʒadīd	من جديد
per sempre	ilal abad	إلى الأبد

mai	abadan	أبدًا
ancora	min ʒadīd	من جديد
adesso	al 'ān	الآن
spesso (avv)	kaθīran	كثيرًا
allora	fi ðalika al waqt	في ذلك الوقت
urgentemente	'āʒilan	عاجلًا
di solito	kal 'āda	كالعادة

a proposito, ...	'ala fikra ...	على فكرة...
è possibile	min al mumkin	من الممكن
probabilmente	la'alla	لعلّ
forse	min al mumkin	من الممكن
inoltre ...	bil iḍāfa ila ðalik ...	بالإضافة إلى...
ecco perché ...	li ðalik	لذلك
nonostante (~ tutto)	bir raɣm min ...	بالرغم من...
grazie a ...	bi faḍl ...	بفضل...

che cosa (pron)	allaði	الذي
che (cong)	anna	أنّ
qualcosa (qualsiasi cosa)	ʃay' (m)	شيء
qualcosa (le serve ~?)	ʃay' (m)	شيء
niente	la ʃay'	لا شيء

chi (pron)	allaði	الذي
qualcuno (annuire a ~)	aḥad	أحد
qualcuno (dipendere da ~)	aḥad	أحد
nessuno	la aḥad	لا أحد

da nessuna parte	la ila ay makān	لا إلى أي مكان
di nessuno	la yaχuṣṣ aḥad	لا يخص أحدًا
di qualcuno	li aḥad	لأحد
così (era ~ arrabbiato)	hakaða	هكذا
anche (penso ~ a ...)	kaðalika	كذلك
anche, pure	ayḍan	أيضًا

6. Parole grammaticali. Avverbi. Parte 2

Perché?	li māða?	لماذا؟
per qualche ragione	li sababin ma	لسبب ما
perché ...	li'anna ...	لأنّ...
per qualche motivo	li amr mā	لأمر ما
e (cong)	wa	و
o (sì ~ no?)	aw	أو
ma (però)	lakin	لكن
per (~ me)	li	لـ
troppo	kaθīran ʒiddan	كثيرًا جدًّا
solo (avv)	faqaṭ	فقط
esattamente	biḍ ḍabṭ	بالضبط
circa (~ 10 dollari)	naḥw	نحو
approssimativamente	taqrīban	تقريبًا
approssimativo (agg)	taqrībiy	تقريبيّ
quasi	taqrīban	تقريبًا
resto	al bāqi (m)	الباقي
ogni (agg)	kull	كلّ
qualsiasi (agg)	ayy	أيّ
molti, molto	kaθīr	كثير
molta gente	kaθīr min an nās	كثير من الناس
tutto, tutti	kull an nās	كل الناس
in cambio di ...	muqābil ...	مقابل...
in cambio	muqābil	مقابل
a mano (fatto ~)	bil yad	باليد
poco probabile	hayhāt	هيهات
probabilmente	la'alla	لعلّ
apposta	qaṣdan	قصدا
per caso	ṣudfa	صدفة
molto (avv)	ʒiddan	جدًّا
per esempio	maθalan	مثلا
fra (~ due)	bayn	بين
fra (~ più di due)	bayn	بين
tanto (quantità)	haðihi al kammiyya	هذه الكمية
soprattutto	χāṣṣa	خاصّة

NUMERI. VARIE

T&P Books Publishing

Italiano	Traslitterazione	العربية
zero (m)	ṣifr	صفر
uno	wāḥid	واحد
una	wāḥida	واحدة
due	iθnān	إثنان
tre	θalāθa	ثلاثة
quattro	arba'a	أربعة
cinque	χamsa	خمسة
sei	sitta	ستّة
sette	sab'a	سبعة
otto	θamāniya	ثمانية
nove	tis'a	تسعة
dieci	'aʃara	عشرة
undici	aḥad 'aʃar	أحد عشر
dodici	iθnā 'aʃar	إثنا عشر
tredici	θalāθat 'aʃar	ثلاثة عشر
quattordici	arba'at 'aʃar	أربعة عشر
quindici	χamsat 'aʃar	خمسة عشر
sedici	sittat 'aʃar	ستّة عشر
diciassette	sab'at 'aʃar	سبعة عشر
diciotto	θamāniyat 'aʃar	ثمانية عشر
diciannove	tis'at 'aʃar	تسعة عشر
venti	'iʃrūn	عشرون
ventuno	wāḥid wa 'iʃrūn	واحد وعشرون
ventidue	iθnān wa 'iʃrūn	إثنان وعشرون
ventitre	θalāθa wa 'iʃrūn	ثلاثة وعشرون
trenta	θalāθīn	ثلاثون
trentuno	wāḥid wa θalāθūn	واحد وثلاثون
trentadue	iθnān wa θalāθūn	إثنان وثلاثون
trentatre	θalāθa wa θalāθūn	ثلاثة وثلاثون
quaranta	arba'ūn	أربعون
quarantuno	wāḥid wa arba'ūn	واحد وأربعون
quarantadue	iθnān wa arba'ūn	إثنان وأربعون
quarantatre	θalāθa wa arba'ūn	ثلاثة وأربعون
cinquanta	χamsūn	خمسون
cinquantuno	wāḥid wa χamsūn	واحد وخمسون
cinquantadue	iθnān wa χamsūn	إثنان وخمسون
cinquantatre	θalāθa wa χamsūn	ثلاثة وخمسون

sessanta	sittūn	ستّون
sessantuno	wāḥid wa sittūn	واحد وستّون
sessantadue	iθnān wa sittūn	إثنان وستّون
sessantatre	θalāθa wa sittūn	ثلاثة وستّون
settanta	sab'ūn	سبعون
settantuno	wāḥid wa sab'ūn	واحد وسبعون
settantadue	iθnān wa sab'ūn	إثنان وسبعون
settantatre	θalāθa wa sab'ūn	ثلاثة وسبعون
ottanta	θamānūn	ثمانون
ottantuno	wāḥid wa θamānūn	واحد وثمانون
ottantadue	iθnān wa θamānūn	إثنان وثمانون
ottantatre	θalāθa wa θamānūn	ثلاثة وثمانون
novanta	tis'ūn	تسعون
novantuno	wāḥid wa tis'ūn	واحد وتسعون
novantadue	iθnān wa tis'ūn	إثنان وتسعون
novantatre	θalāθa wa tis'ūn	ثلاثة وتسعون

8. Numeri cardinali. Parte 2

cento	mi'a	مائة
duecento	mi'atān	مائتان
trecento	θalāθumi'a	ثلاثمائة
quattrocento	rub'umi'a	أربعمائة
cinquecento	χamsumi'a	خمسمائة
seicento	sittumi'a	ستّمائة
settecento	sab'umi'a	سبعمائة
ottocento	θamānimi'a	ثمانمائة
novecento	tis'umi'a	تسعمائة
mille	alf	ألف
duemila	alfān	ألفان
tremila	θalāθat 'ālāf	ثلاثة آلاف
diecimila	'aʃarat 'ālāf	عشرة آلاف
centomila	mi'at alf	مائة ألف
milione (m)	milyūn (m)	مليون
miliardo (m)	milyār (m)	مليار

9. Numeri ordinali

primo	awwal	أوّل
secondo	θāni	ثان
terzo	θāliθ	ثالث
quarto	rābi'	رابع
quinto	χāmis	خامس

sesto	sādis	سادس
settimo	sābi'	سابع
ottavo	θāmin	ثامن
nono	tāsi'	تاسع
decimo	'āʃir	عاشر

COLORI.
UNITÀ DI MISURA

T&P Books Publishing

colore (m)	lawn (m)	لون
sfumatura (f)	daraʒat al lawn (m)	درجة اللون
tono (m)	ṣabɣit lūn (f)	لون
arcobaleno (m)	qaws quzaḥ (m)	قوس قزح

bianco (agg)	abyaḍ	أبيض
nero (agg)	aswad	أسود
grigio (agg)	ramādiy	رمادي

verde (agg)	axḍar	أخضر
giallo (agg)	aṣfar	أصفر
rosso (agg)	aḥmar	أحمر
blu (agg)	azraq	أزرق
azzurro (agg)	azraq fātiḥ	أزرق فاتح
rosa (agg)	wardiy	وردي
arancione (agg)	burtuqāliy	برتقالي
violetto (agg)	banafsaʒiy	بنفسجي
marrone (agg)	bunniy	بنّي

d'oro (agg)	ðahabiy	ذهبي
argenteo (agg)	fiḍḍiy	فضي
beige (agg)	bɛ:ʒ	بيج
color crema (agg)	ʿāʒiy	عاجي
turchese (agg)	fayrūziy	فيروزي
rosso ciliegia (agg)	karaziy	كرزي
lilla (agg)	laylakiy	ليلكي
rosso lampone (agg)	qirmiziy	قرمزي

chiaro (agg)	fātiḥ	فاتح
scuro (agg)	ɣāmiq	غامق
vivo, vivido (agg)	zāhi	زاه

colorato (agg)	mulawwan	ملوّن
a colori	mulawwan	ملوّن
bianco e nero (agg)	abyaḍ wa aswad	أبيض وأسود
in tinta unita	waḥīd al lawn, sāda	وحيد اللون, سادة
multicolore (agg)	muta'addid al alwān	متعدّد الألوان

| peso (m) | wazn (m) | وزن |
| lunghezza (f) | ṭūl (m) | طول |

larghezza (f)	'arḍ (m)	عرض
altezza (f)	irtifā' (m)	إرتفاع
profondità (f)	'umq (m)	عمق
volume (m)	ḥaʒm (m)	حجم
area (f)	misāḥa (f)	مساحة
grammo (m)	grām (m)	جرام
milligrammo (m)	milliɣrām (m)	مليغرام
chilogrammo (m)	kiluɣrām (m)	كيلوغرام
tonnellata (f)	ṭunn (m)	طنّ
libbra (f)	raṭl (m)	رطل
oncia (f)	ūnṣa (f)	أونصة
metro (m)	mitr (m)	متر
millimetro (m)	millimitr (m)	مليمتر
centimetro (m)	santimitr (m)	سنتيمتر
chilometro (m)	kilumitr (m)	كيلومتر
miglio (m)	mīl (m)	ميل
pollice (m)	būṣa (f)	بوصة
piede (f)	qadam (f)	قدم
iarda (f)	yārda (f)	ياردة
metro (m) quadro	mitr murabba' (m)	متر مربّع
ettaro (m)	hiktār (m)	هكتار
litro (m)	litr (m)	لتر
grado (m)	daraʒa (f)	درجة
volt (m)	vūlt (m)	فولت
ampere (m)	ambīr (m)	أمبير
cavallo vapore (m)	ḥiṣān (m)	حصان
quantità (f)	kammiyya (f)	كمّيّة
un po' di ...	qalīl ...	قليل...
metà (f)	niṣf (m)	نصف
dozzina (f)	iθnā 'aʃar (f)	إثنا عشر
pezzo (m)	waḥda (f)	وحدة
dimensione (f)	ḥaʒm (m)	حجم
scala (f) (modello in ~)	miqyās (m)	مقياس
minimo (agg)	al adna	الأدنى
minore (agg)	al aṣɣar	الأصغر
medio (agg)	mutawassiṭ	متوسّط
massimo (agg)	al aqṣa	الأقصى
maggiore (agg)	al akbar	الأكبر

12. Contenitori

barattolo (m) di vetro	barṭamān (m)	برطمان
latta, lattina (f)	tanaka (f)	تنكة

secchio (m)	ӡardal (m)	جردل
barile (m), botte (f)	barmīl (m)	برميل
catino (m)	ḥawḍ lil yasīl (m)	حوض للغسيل
serbatoio (m) (per liquidi)	χazzān (m)	خزّان
fiaschetta (f)	zamzamiyya (f)	زمزمية
tanica (f)	ӡirikan (m)	جركن
cisterna (f)	χazzān (m)	خزّان
tazza (f)	māgg (m)	ماجّ
tazzina (f) (~ di caffé)	finӡān (m)	فنجان
piattino (m)	ṭabaq finӡān (m)	طبق فنجان
bicchiere (m) (senza stelo)	kubbāya (f)	كبّاية
calice (m)	ka's (f)	كأس
casseruola (f)	kassirūlla (f)	كاسرولة
bottiglia (f)	zuӡāӡa (f)	زجاجة
collo (m) (~ della bottiglia)	'unq (m)	عنق
caraffa (f)	dawraq zuӡāӡiy (m)	دورق زجاجيّ
brocca (f)	ibrīq (m)	إبريق
recipiente (m)	inā' (m)	إناء
vaso (m) di coccio	aṣīṣ (m)	أصيص
vaso (m) di fiori	vāza (f)	فازة
boccetta (f) (~ di profumo)	zuӡāӡa (f)	زجاجة
fiala (f)	zuӡāӡa (f)	زجاجة
tubetto (m)	umbūba (f)	أنبوبة
sacco (m) (~ di patate)	kīs (m)	كيس
sacchetto (m) (~ di plastica)	kīs (m)	كيس
pacchetto (m) (~ di sigarette, ecc.)	'ulba (f)	علبة
scatola (f) (~ per scarpe)	'ulba (f)	علبة
cassa (f) (~ di vino, ecc.)	ṣundū' (m)	صندوق
cesta (f)	salla (f)	سلّة

I VERBI PIÙ IMPORTANTI

T&P Books Publishing

13. I verbi più importanti. Parte 1

accorgersi (vr)	lāḥaẓ	لاحظ
afferrare (vt)	amsak	أمسك
affittare (dare in affitto)	ista'ʒar	إستأجر
aiutare (vt)	sā'ad	ساعد
amare (qn)	aḥabb	أحبّ
andare (camminare)	maʃa	مشى
annotare (vt)	katab	كتب
appartenere (vi)	χaṣṣ	خصّ
aprire (vt)	fataḥ	فتح
arrivare (vi)	waṣal	وصل
aspettare (vt)	intaẓar	إنتظر
avere (vt)	malak	ملك
avere fame	arād an ya'kul	أراد أن يأكل
avere fretta	ista'ʒal	إستعجل
avere paura	χāf	خاف
avere sete	arād an yaʃrab	أراد أن يشرب
avvertire (vt)	ḥaððar	حذّر
cacciare (vt)	iṣṭād	إصطاد
cadere (vi)	saqaṭ	سقط
cambiare (vt)	γayyar	غيّر
capire (vt)	fahim	فهم
cenare (vi)	ta'aʃʃa	تعشّى
cercare (vt)	baḥaθ	بحث
cessare (vt)	tawaqqaf	توقّف
chiedere (~ aiuto)	istaγāθ	إستغاث
chiedere (domandare)	sa'al	سأل
cominciare (vt)	bada'	بدأ
comparare (vt)	qāran	قارن
confondere (vt)	iχtalaṭ	إختلط
conoscere (qn)	'araf	عرف
conservare (vt)	ḥafaẓ	حفظ
consigliare (vt)	naṣaḥ	نصح
contare (calcolare)	'add	عدّ
contare su ...	i'tamad 'ala ...	إعتمد على...
continuare (vt)	istamarr	إستمرّ
controllare (vt)	taḥakkam	تحكّم
correre (vi)	ʒara	جرى

costare (vt)	kallaf	كلّف
creare (vt)	χalaq	خلق
cucinare (vi)	ḥaḍḍar	حضّر

14. I verbi più importanti. Parte 2

dare (vt)	a'ṭa	أعطى
dare un suggerimento	a'ṭa talmīḥ	أعطى تلميحًا
decorare (adornare)	zayyan	زيّن
difendere (~ un paese)	dāfa'	دافع
dimenticare (vt)	nasiy	نسي

dire (~ la verità)	qāl	قال
dirigere (compagnia, ecc.)	adār	أدار
discutere (vt)	nāqaʃ	ناقش
domandare (vt)	ṭalab	طلب
dubitare (vi)	ʃakk fi	شكّ في

entrare (vi)	daχal	دخل
esigere (vt)	ṭālib	طالب
esistere (vi)	kān mawʒūd	كان موجودًا

essere (vi)	kān	كان
essere d'accordo	ittafaq	إتّفق
fare (vt)	'amal	عمل
fare colazione	afṭar	أفطر

fare il bagno	sabaḥ	سبح
fermarsi (vr)	waqaf	وقف
fidarsi (vr)	waθiq	وثق
finire (vt)	atamm	أتمّ
firmare (~ un documento)	waqqa'	وقّع

giocare (vi)	la'ib	لعب
girare (~ a destra)	in'aṭaf	إنعطف
gridare (vi)	ṣaraχ	صرخ
indovinare (vt)	χamman	خمّن
informare (vt)	aχbar	أخبر

ingannare (vt)	χada'	خدع
insistere (vi)	aṣarr	أصرّ
insultare (vt)	ahān	أهان
interessarsi di …	ihtamm	إهتمّ
invitare (vt)	da'a	دعا

lamentarsi (vr)	ʃaka	شكا
lasciar cadere	awqa'	أوقع
lavorare (vi)	'amal	عمل
leggere (vi, vt)	qara'	قرأ
liberare (vt)	ḥarrar	حرّر

15. I verbi più importanti. Parte 3

mancare le lezioni	ɣāb	غاب
mandare (vt)	arsal	أرسل
menzionare (vt)	ðakar	ذكر
minacciare (vt)	haddad	هدّد
mostrare (vt)	'araḍ	عرض
nascondere (vt)	χaba'	خبأ
nuotare (vi)	sabaḥ	سبح
obiettare (vt)	i'taraḍ	إعترض
occorrere (vimp)	kān maṭlūb	كان مطلوبا
ordinare (~ il pranzo)	ṭalab	طلب
ordinare (mil.)	amar	أمر
osservare (vt)	rāqab	راقب
pagare (vi, vt)	dafa'	دفع
parlare (vi, vt)	takallam	تكلّم
partecipare (vi)	iʃtarak	إشترك
pensare (vi, vt)	ẓann	ظنّ
perdonare (vt)	'afa	عفا
permettere (vt)	raχχaṣ	رخّص
piacere (vi)	a'ʒab	أعجب
piangere (vi)	baka	بكى
pianificare (vt)	χaṭṭaṭ	خطّط
possedere (vt)	malak	ملك
potere (v aus)	istaṭā'	إستطاع
pranzare (vi)	taɣadda	تغدّى
preferire (vt)	faḍḍal	فضّل
pregare (vi, vt)	ṣalla	صلّى
prendere (vt)	aχað	أخذ
prevedere (vt)	tanabba'	تنبّأ
promettere (vt)	wa'ad	وعد
pronunciare (vt)	naṭaq	نطق
proporre (vt)	iqtaraḥ	إقترح
punire (vt)	'āqab	عاقب
raccomandare (vt)	naṣaḥ	نصح
ridere (vi)	ḍahik	ضحك
rifiutarsi (vr)	rafaḍ	رفض
rincrescere (vi)	nadim	ندم
ripetere (ridire)	karrar	كرّر
riservare (vt)	ḥaʒaz	حجز
rispondere (vi, vt)	aʒāb	أجاب
rompere (spaccare)	kasar	كسر
rubare (~ i soldi)	saraq	سرق

16. I verbi più importanti. Parte 4

salvare (~ la vita a qn)	anqað	أنقذ
sapere (vt)	'araf	عرف
sbagliare (vi)	axta'	أخطأ
scavare (vt)	ḥafar	حفر
scegliere (vt)	ixtār	إختار
scendere (vi)	nazil	نزل
scherzare (vi)	mazaḥ	مزح
scrivere (vt)	katab	كتب
scusarsi (vr)	i'taðar	إعتذر
sedersi (vr)	ʒalas	جلس
seguire (vt)	taba'	تبع
sgridare (vt)	wabbax	وبّخ
significare (vt)	'ana	عنى
sorridere (vi)	ibtasam	إبتسم
sottovalutare (vt)	istaxaff	إستخفّ
sparare (vi)	aṭlaq an nār	أطلق النار
sperare (vi, vt)	tamanna	تمنّى
spiegare (vt)	ʃaraḥ	شرح
studiare (vt)	daras	درس
stupirsi (vr)	indahaʃ	إندهش
tacere (vi)	sakat	سكت
tentare (vt)	ḥāwal	حاول
toccare (~ con le mani)	lamas	لمس
tradurre (vt)	tarʒam	ترجم
trovare (vt)	waʒad	وجد
uccidere (vt)	qatal	قتل
udire (percepire suoni)	sami'	سمع
unire (vt)	waḥḥad	وحّد
uscire (vi)	xaraʒ	خرج
vantarsi (vr)	tabāha	تباهى
vedere (vt)	ra'a	رأى
vendere (vt)	bā'	باع
volare (vi)	ṭār	طار
volere (desiderare)	arād	أراد

ORARIO. CALENDARIO

T&P Books Publishing

Italiano	Traslitterazione	العربية
lunedì (m)	yawm al iθnayn (m)	يوم الإثنين
martedì (m)	yawm aθ θulāθā' (m)	يوم الثلاثاء
mercoledì (m)	yawm al arbi'ā' (m)	يوم الأربعاء
giovedì (m)	yawm al χamīs (m)	يوم الخميس
venerdì (m)	yawm al ʒum'a (m)	يوم الجمعة
sabato (m)	yawm as sabt (m)	يوم السبت
domenica (f)	yawm al aḥad (m)	يوم الأحد
oggi (avv)	al yawm	اليوم
domani	γadan	غدًا
dopodomani	ba'd γad	بعد غد
ieri (avv)	ams	أمس
l'altro ieri	awwal ams	أوّل أمس
giorno (m)	yawm (m)	يوم
giorno (m) lavorativo	yawm 'amal (m)	يوم عمل
giorno (m) festivo	yawm al 'uṭla ar rasmiyya (m)	يوم العطلة الرسمية
giorno (m) di riposo	yawm 'uṭla (m)	يوم عطلة
fine (m) settimana	ayyām al 'uṭla (pl)	أيام العطلة
tutto il giorno	ṭūl al yawm	طول اليوم
l'indomani	fil yawm at tāli	في اليوم التالي
due giorni fa	min yawmayn	قبل يومين
il giorno prima	fil yawm as sābiq	في اليوم السابق
quotidiano (agg)	yawmiy	يومي
ogni giorno	yawmiyyan	يوميًا
settimana (f)	usbū' (m)	أسبوع
la settimana scorsa	fil isbū' al māḍi	في الأسبوع الماضي
la settimana prossima	fil isbū' al qādim	في الأسبوع القادم
settimanale (agg)	usbū'iy	أسبوعي
ogni settimana	usbū'iyyan	أسبوعيًا
due volte alla settimana	marratayn fil usbū'	مرتين في الأسبوع
ogni martedì	kull yawm aθ θulaθā'	كل يوم الثلاثاء

Italiano	Traslitterazione	العربية
mattina (f)	ṣabāḥ (m)	صباح
di mattina	fiṣ ṣabāḥ	في الصباح
mezzogiorno (m)	ẓuhr (m)	ظهر
nel pomeriggio	ba'd aẓ ẓuhr	بعد الظهر

sera (f)	masā' (m)	مساء
di sera	fil masā'	في المساء
notte (f)	layl (m)	ليل
di notte	bil layl	بالليل
mezzanotte (f)	muntaṣif al layl (m)	منتصف الليل

secondo (m)	θāniya (f)	ثانية
minuto (m)	daqīqa (f)	دقيقة
ora (f)	sā'a (f)	ساعة
mezzora (f)	niṣf sā'a (m)	نصف ساعة
un quarto d'ora	rub' sā'a (f)	ربع ساعة
quindici minuti	χamsat 'aʃar daqīqa	خمس عشرة دقيقة
ventiquattro ore	yawm kāmil (m)	يوم كامل

levata (f) del sole	ʃurūq aʃ ʃams (m)	شروق الشمس
alba (f)	faʒr (m)	فجر
mattutino (m)	ṣabāḥ bākir (m)	صباح باكر
tramonto (m)	ɣurūb aʃ ʃams (m)	غروب الشمس

di buon mattino	fis ṣabāḥ al bākir	في الصباح الباكر
stamattina	al yawm fiṣ ṣabāḥ	اليوم في الصباح
domattina	ɣadan fiṣ ṣabāḥ	غدًا في الصباح

oggi pomeriggio	al yawm ba'd aẓ ẓuhr	اليوم بعد الظهر
nel pomeriggio	ba'd aẓ ẓuhr	بعد الظهر
domani pomeriggio	ɣadan ba'd aẓ ẓuhr	غدًا بعد الظهر

stasera	al yawm fil masā'	اليوم في المساء
domani sera	ɣadan fil masā'	غدًا في المساء

alle tre precise	fis sā'a aθ θāliθa tamāman	في الساعة الثالثة تمامًا
verso le quattro	fis sā'a ar rābi'a taqrīban	في الساعة الرابعة تقريبا
per le dodici	ḥattas sā'a aθ θāniya 'aʃara	حتى الساعة الثانية عشرة

fra venti minuti	ba'd 'iʃrīn daqīqa	بعد عشرين دقيقة
fra un'ora	ba'd sā'a	بعد ساعة
puntualmente	fi maw'idih	في موعده

un quarto di ...	illa rub'	إلا ربع
entro un'ora	ṭiwāl sā'a	طوال الساعة
ogni quindici minuti	kull rub' sā'a	كل ربع ساعة
giorno e notte	layl nahār	ليل نهار

19. Mesi. Stagioni

gennaio (m)	yanāyir (m)	يناير
febbraio (m)	fibrāyir (m)	فبراير
marzo (m)	māris (m)	مارس
aprile (m)	abrīl (m)	أبريل
maggio (m)	māyu (m)	مايو

Italiano	Traslitterazione	Arabo
giugno (m)	yūnyu (m)	يونيو
luglio (m)	yūlyu (m)	يوليو
agosto (m)	ayusṭus (m)	أغسطس
settembre (m)	sibtambar (m)	سبتمبر
ottobre (m)	uktūbir (m)	أكتوبر
novembre (m)	nuvimbar (m)	نوفمبر
dicembre (m)	disimbar (m)	ديسمبر
primavera (f)	rabī' (m)	ربيع
in primavera	fir rabī'	في الربيع
primaverile (agg)	rabī'iy	ربيعي
estate (f)	ṣayf (m)	صيف
in estate	fiṣ ṣayf	في الصيف
estivo (agg)	ṣayfiy	صيفي
autunno (m)	χarīf (m)	خريف
in autunno	fil χarīf	في الخريف
autunnale (agg)	χarīfiy	خريفي
inverno (m)	ʃitā' (m)	شتاء
in inverno	fiʃ ʃitā'	في الشتاء
invernale (agg)	ʃitawiy	شتوي
mese (m)	ʃahr (m)	شهر
questo mese	fi haða aʃ ʃahr	في هذا الشهر
il mese prossimo	fiʃ ʃahr al qādim	في الشهر القادم
il mese scorso	fiʃ ʃahr al māḍi	في الشهر الماضي
un mese fa	qabl ʃahr	قبل شهر
fra un mese	ba'd ʃahr	بعد شهر
fra due mesi	ba'd ʃahrayn	بعد شهرين
un mese intero	ṭūl aʃ ʃahr	طول الشهر
per tutto il mese	ʃahr kāmil	شهر كامل
mensile (rivista ~)	ʃahriy	شهري
mensilmente	kull ʃahr	كل شهر
ogni mese	kull ʃahr	كل شهر
due volte al mese	marratayn fiʃ ʃahr	مرّتين في الشهر
anno (m)	sana (f)	سنة
quest'anno	fi haðihi as sana	في هذه السنة
l'anno prossimo	fis sana al qādima	في السنة القادمة
l'anno scorso	fis sana al māḍiya	في السنة الماضية
un anno fa	qabla sana	قبل سنة
fra un anno	ba'd sana	بعد سنة
fra due anni	ba'd sanatayn	بعد سنتين
un anno intero	ṭūl as sana	طول السنة
per tutto l'anno	sana kāmila	سنة كاملة
ogni anno	kull sana	كل سنة
annuale (agg)	sanawiy	سنوي

annualmente	kull sana	كل سنة
quattro volte all'anno	arbaʻ marrāt fis sana	أربع مرّات في السنة
data (f) (~ di oggi)	tarīχ (m)	تاريخ
data (f) (~ di nascita)	tarīχ (m)	تاريخ
calendario (m)	taqwīm (m)	تقويم
mezz'anno (m)	niṣf sana (m)	نصف سنة
semestre (m)	niṣf sana (m)	نصف سنة
stagione (f) (estate, ecc.)	faṣl (m)	فصل
secolo (m)	qarn (m)	قرن

VIAGGIO. HOTEL

USD CAD
EUR CHF
JPY HKD
GBP CNY

RECEPTION

T&P Books Publishing

20. Escursione. Viaggio

Italiano	Traslitterazione	العربية
turismo (m)	siyāḥa (f)	سياحة
turista (m)	sā'iḥ (m)	سائح
viaggio (m) (all'estero)	riḥla (f)	رحلة
avventura (f)	muɣāmara (f)	مغامرة
viaggio (m) (corto)	riḥla (f)	رحلة
vacanza (f)	'uṭla (f)	عطلة
essere in vacanza	'indahu 'uṭla	عنده عطلة
riposo (m)	istirāḥa (f)	إستراحة
treno (m)	qiṭār (m)	قطار
in treno	bil qiṭār	بالقطار
aereo (m)	ṭā'ira (f)	طائرة
in aereo	biṭ ṭā'ira	بالطائرة
in macchina	bis sayyāra	بالسيّارة
in nave	bis safīna	بالسفينة
bagaglio (m)	aʃ ʃunaṭ (pl)	الشنط
valigia (f)	ḥaqībat safar (f)	حقيبة سفر
carrello (m)	'arabat ʃunaṭ (f)	عربة شنط
passaporto (m)	ʒawāz as safar (m)	جواز السفر
visto (m)	ta'ʃīra (f)	تأشيرة
biglietto (m)	taðkira (f)	تذكرة
biglietto (m) aereo	taðkirat ṭā'ira (f)	تذكرة طائرة
guida (f)	dalīl (m)	دليل
carta (f) geografica	xarīṭa (f)	خريطة
località (f)	mintaqa (f)	منطقة
luogo (m)	makān (m)	مكان
ogetti (m pl) esotici	ɣarāba (f)	غرابة
esotico (agg)	ɣarīb	غريب
sorprendente (agg)	mudhiʃ	مدهش
gruppo (m)	maʒmū'a (f)	مجموعة
escursione (f)	ʒawla (f)	جولة
guida (f) (cicerone)	murʃid (m)	مرشد

21. Hotel

Italiano	Traslitterazione	العربية
albergo (m)	funduq (m)	فندق
motel (m)	mutīl (m)	موتيل

tre stelle	θalāθat nuӡūm	ثلاثة نجوم
cinque stelle	χamsat nuӡūm	خمسة نجوم
alloggiare (vi)	nazal	نزل
camera (f)	ɣurfa (f)	غرفة
camera (f) singola	ɣurfa li ʃaχṣ wāḥid (f)	غرفة لشخص واحد
camera (f) doppia	ɣurfa li ʃaχṣayn (f)	غرفة لشخصين
prenotare una camera	ḥaӡaz ɣurfa	حجز غرفة
mezza pensione (f)	waӡbitān fil yawm (du)	وجبتان في اليوم
pensione (f) completa	θalāθ waӡabāt fil yawm	ثلاث وجبات في اليوم
con bagno	bi ḥawḍ al istiḥmām	بحوض الإستحمام
con doccia	bid duʃ	بالدوش
televisione (f) satellitare	tilivizyūn faḍā'iy (m)	تلفزيون فضائيّ
condizionatore (m)	takyīf (m)	تكييف
asciugamano (m)	fūṭa (f)	فوطة
chiave (f)	miftāḥ (m)	مفتاح
amministratore (m)	mudīr (m)	مدير
cameriera (f)	'āmilat tanzīf ɣuraf (f)	عاملة تنظيف غرف
portabagagli (m)	ḥammāl (m)	حمّال
portiere (m)	bawwāb (m)	بوّاب
ristorante (m)	maṭ'am (m)	مطعم
bar (m)	bār (m)	بار
colazione (f)	fuṭūr (m)	فطور
cena (f)	'aʃā' (m)	عشاء
buffet (m)	bufīh (m)	بوفيه
hall (f) (atrio d'ingresso)	radha (f)	ردهة
ascensore (m)	miṣ'ad (m)	مصعد
NON DISTURBARE	ar raӡā' 'adam al iz'āӡ	الرجاء عدم الإزعاج
VIETATO FUMARE!	mamnū' at tadχīn	ممنوع التدخين

22. Visita turistica

monumento (m)	timθāl (m)	تمثال
fortezza (f)	qal'a (f), ḥiṣn (m)	قلعة، حصن
palazzo (m)	qaṣr (m)	قصر
castello (m)	qal'a (f)	قلعة
torre (f)	burӡ (m)	برج
mausoleo (m)	ḍarīḥ (m)	ضريح
architettura (f)	handasa mi'māriyya (f)	هندسة معماريّة
medievale (agg)	min al qurūn al wusṭa	من القرون الوسطى
antico (agg)	qadīm	قديم
nazionale (agg)	waṭaniy	وطنيّ
famoso (agg)	maʃhūr	مشهور

turista (m)	sā'iḥ (m)	سائح
guida (f)	murʃid (m)	مرشد
escursione (f)	ʒawla (f)	جولة
fare vedere	'araḍ	عرض
raccontare (vt)	ḥaddaθ	حدّث

trovare (vt)	waʒad	وجد
perdersi (vr)	ḍā'	ضاع
mappa (f)	χarīṭa (f)	خريطة
(~ della metropolitana)		
piantina (f) (~ della città)	χarīṭa (f)	خريطة

souvenir (m)	tiðkār (m)	تذكار
negozio (m) di articoli	maḥall hadāya (m)	محلّ هدايا
da regalo		
fare foto	ṣawwar	صوّر
fotografarsi	taṣawwar	تصوّر

T&P BOOKS

MEZZI DI TRASPORTO

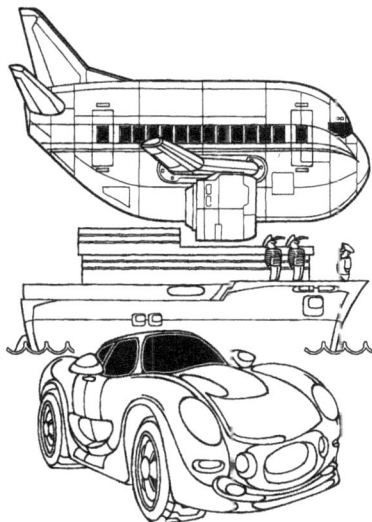

T&P Books Publishing

23. Aeroporto

Italiano	Traslitterazione	العربية
aeroporto (m)	maṭār (m)	مطار
aereo (m)	ṭā'ira (f)	طائرة
compagnia (f) aerea	ʃarikat ṭayarān (f)	شركة طيران
controllore (m) di volo	marāqib al ḥaraka al ʒawwiyya (pl)	مراقب الحركة الجويّة
partenza (f)	muɣādara (f)	مغادرة
arrivo (m)	wuṣūl (m)	وصول
arrivare (vi)	waṣal	وصل
ora (f) di partenza	waqt al muɣādara (m)	وقت المغادرة
ora (f) di arrivo	waqt al wuṣūl (m)	وقت الوصول
essere ritardato	ta'axxar	تأخّر
volo (m) ritardato	ta'axxur ar riḥla (m)	تأخّر الرحلة
tabellone (m) orari	lawḥat al maʿlūmāt (f)	لوحة المعلومات
informazione (f)	istiʿlāmāt (pl)	إستعلامات
annunciare (vt)	aʿlan	أعلن
volo (m)	riḥla (f)	رحلة
dogana (f)	ʒamārik (pl)	جمارك
doganiere (m)	muwaẓẓaf al ʒamārik (m)	موظّف الجمارك
dichiarazione (f)	taṣrīḥ ʒumrukiy (m)	تصريح جمركيّ
riempire (~ una dichiarazione)	mala'	ملأ
riempire una dichiarazione	mala' at taṣrīḥ	ملأ التصريح
controllo (m) passaporti	taftīʃ al ʒawāzāt (m)	تفتيش الجوازات
bagaglio (m)	aʃ ʃunaṭ (pl)	الشنط
bagaglio (m) a mano	ʃunaṭ al yad (pl)	شنط اليد
carrello (m)	ʿarabat ʃunaṭ (f)	عربة شنط
atterraggio (m)	hubūṭ (m)	هبوط
pista (f) di atterraggio	mamarr al hubūṭ (m)	ممرّ الهبوط
atterrare (vi)	habaṭ	هبط
scaletta (f) dell'aereo	sullam aṭ ṭā'ira (m)	سلّم الطائرة
check-in (m)	tasʒīl (m)	تسجيل
banco (m) del check-in	makān at tasʒīl (m)	مكان التسجيل
fare il check-in	saʒʒal	سجّل
carta (f) d'imbarco	biṭāqat ṣuʿūd (f)	بطاقة صعود
porta (f) d'imbarco	bawwābat al muɣādara (f)	بوّابة المغادرة

transito (m)	tranzīt (m)	ترانزيت
aspettare (vt)	inṭazar	إنتظر
sala (f) d'attesa	qā'at al muɣādara (f)	قاعة المغادرة
accompagnare (vt)	wadda'	ودّع
congedarsi (vr)	wadda'	ودّع

24. Aeroplano

aereo (m)	ṭā'ira (f)	طائرة
biglietto (m) aereo	taðkirat ṭā'ira (f)	تذكرة طائرة
compagnia (f) aerea	ʃarikat ṭayarān (f)	شركة طيران
aeroporto (m)	maṭār (m)	مطار
supersonico (agg)	ɣāriq liṣ ṣawt	خارق للصوت
comandante (m)	qā'id aṭ ṭā'ira (m)	قائد الطائرة
equipaggio (m)	ṭāqim (m)	طاقم
pilota (m)	ṭayyār (m)	طيّار
hostess (f)	muḍīfat ṭayarān (f)	مضيفة طيران
navigatore (m)	mallāḥ (m)	مَلّاح
ali (f pl)	aʒniḥa (pl)	أجنحة
coda (f)	ðayl (m)	ذيل
cabina (f)	kabīna (f)	كابينة
motore (m)	mutūr (m)	موتور
carrello (m) d'atterraggio	'aʒalāt al hubūṭ (pl)	عجلات الهبوط
turbina (f)	turbīna (f)	تربينة
elica (f)	mirwaḥa (f)	مروحة
scatola (f) nera	musaʒʒil aṭ ṭayarān (m)	مسجّل الطيران
barra (f) di comando	'aʒalat qiyāda (f)	عجلة قيادة
combustibile (m)	wuqūd (m)	وقود
safety card (f)	biṭāqat as salāma (f)	بطاقة السلامة
maschera (f) ad ossigeno	qinā' uksiʒīn (m)	قناع أوكسيجين
uniforme (f)	libās muwaḥḥad (m)	لباس موحّد
giubbotto (m) di salvataggio	sutrat naʒāt (f)	سترة نجاة
paracadute (m)	miẓallat hubūṭ (f)	مظلّة هبوط
decollo (m)	iqlā' (m)	إقلاع
decollare (vi)	aqla'at	أقلعت
pista (f) di decollo	madraʒ aṭ ṭā'irāt (m)	مدرج الطائرات
visibilità (f)	ru'ya (f)	رؤية
volo (m)	ṭayarān (m)	طيران
altitudine (f)	irtifā' (m)	إرتفاع
vuoto (m) d'aria	ʒayb hawā'iy (m)	جيب هوائيّ
posto (m)	maq'ad (m)	مقعد
cuffia (f)	sammā'āt ra'siya (pl)	سمّاعات رأسيّة
tavolinetto (m) pieghevole	ṣīniyya qābila liṭ ṭayy (f)	صينية قابلة للطيّ

| oblò (m), finestrino (m) | ʃubbāk aṭ ṭā'ira (m) | شبّاك الطائرة |
| corridoio (m) | mamarr (m) | ممرّ |

25. Treno

treno (m)	qiṭār (m)	قطار
elettrotreno (m)	qiṭār (m)	قطار
treno (m) rapido	qiṭār sarī' (m)	قطار سريع
locomotiva (f) diesel	qāṭirat dīzil (f)	قاطرة ديزل
locomotiva (f) a vapore	qāṭira buxāriyya (f)	قاطرة بخاريّة

| carrozza (f) | 'araba (f) | عربة |
| vagone (m) ristorante | 'arabat al maṭ'am (f) | عربة المطعم |

rotaie (f pl)	quḍubān (pl)	قضبان
ferrovia (f)	sikka ḥadīdiyya (f)	سكّة حديديّة
traversa (f)	'āriḍa (f)	عارضة

banchina (f) (~ ferroviaria)	raṣīf (m)	رصيف
binario (m) (~ 1, 2)	xaṭṭ (m)	خطّ
semaforo (m)	simafūr (m)	سيمافور
stazione (f)	maḥaṭṭa (f)	محطّة

macchinista (m)	sā'iq (m)	سائق
portabagagli (m)	ḥammāl (m)	حمّال
cuccettista (m, f)	mas'ūl 'arabat al qiṭār (m)	مسؤول عربة القطار
passeggero (m)	rākib (m)	راكب
controllore (m)	kamsariy (m)	كمسريّ

| corridoio (m) | mamarr (m) | ممرّ |
| freno (m) di emergenza | farāmil aṭ ṭawāri' (pl) | فرامل الطوارئ |

scompartimento (m)	yurfa (f)	غرفة
cuccetta (f)	sarīr (m)	سرير
cuccetta (f) superiore	sarīr 'ulwiy (m)	سرير علويّ
cuccetta (f) inferiore	sarīr sufliy (m)	سرير سفليّ
biancheria (f) da letto	ayṭiyat as sarīr (pl)	أغطية السرير

biglietto (m)	taðkira (f)	تذكرة
orario (m)	ʒadwal (m)	جدول
tabellone (m) orari	lawḥat ma'lūmāt (f)	لوحة معلومات

partire (vi)	yādar	غادر
partenza (f)	muyādara (f)	مغادرة
arrivare (di un treno)	waṣal	وصل
arrivo (m)	wuṣūl (m)	وصول

arrivare con il treno	waṣal bil qiṭār	وصل بالقطار
salire sul treno	rakib al qiṭār	ركب القطار
scendere dal treno	nazil min al qiṭār	نزل من القطار

deragliamento (m)	ḥiṭām qiṭār (m)	حطام قطار
deragliare (vi)	xaraʒ 'an xaṭṭ sayrih	خرج عن خط سيره
locomotiva (f) a vapore	qāṭira buxāriyya (f)	قاطرة بخارية
fuochista (m)	'aṭaʃʒiy (m)	عطشجي
forno (m)	furn al muḥarrik (m)	فرن المحرّك
carbone (m)	faḥm (m)	فحم

26. Nave

nave (f)	safīna (f)	سفينة
imbarcazione (f)	safīna (f)	سفينة
piroscafo (m)	bāxira (f)	باخرة
barca (f) fluviale	bāxira nahriyya (f)	باخرة نهريّة
transatlantico (m)	bāxira siyaḥiyya (f)	باخرة سياحيّة
incrociatore (m)	ṭarrād (m)	طرّاد
yacht (m)	yaxt (m)	يخت
rimorchiatore (m)	qāṭira (f)	قاطرة
chiatta (f)	ṣandal (m)	صندل
traghetto (m)	'abbāra (f)	عبّارة
veliero (m)	safīna ʃirā'iyya (m)	سفينة شراعيّة
brigantino (m)	markab ʃirā'iy (m)	مركب شراعيّ
rompighiaccio (m)	muḥaṭṭimat ʒalīd (f)	محطّمة جليد
sottomarino (m)	ɣawwāṣa (f)	غوّاصة
barca (f)	markab (m)	مركب
scialuppa (f)	zawraq (m)	زورق
scialuppa (f) di salvataggio	qārib naʒāt (m)	قارب نجاة
motoscafo (m)	lanʃ (m)	لنش
capitano (m)	qubṭān (m)	قبطان
marittimo (m)	baḥḥār (m)	بحّار
marinaio (m)	baḥḥār (m)	بحّار
equipaggio (m)	ṭāqim (m)	طاقم
nostromo (m)	ra'īs al baḥḥāra (m)	رئيس البحّارة
mozzo (m) di nave	ṣabiy as safīna (m)	صبي السفينة
cuoco (m)	ṭabbāx (m)	طبّاخ
medico (m) di bordo	ṭabīb as safīna (m)	طبيب السفينة
ponte (m)	saṭḥ as safīna (m)	سطح السفينة
albero (m)	sāriya (f)	سارية
vela (f)	ʃirā' (m)	شرع
stiva (f)	'ambar (m)	عنبر
prua (f)	muqaddama (m)	مقدّمة
poppa (f)	mu'axirat as safīna (f)	مؤخّرة السفينة

remo (m)	miʒðāf (m)	مجذاف
elica (f)	mirwaḥa (f)	مروحة
cabina (f)	kabīna (f)	كابينة
quadrato (m) degli ufficiali	ɣurfat al istirāḥa (f)	غرفة الإستراحة
sala (f) macchine	qism al 'ālāt (m)	قسم الآلات
ponte (m) di comando	burʒ al qiyāda (m)	برج القيادة
cabina (f) radiotelegrafica	ɣurfat al lāsilkiy (f)	غرفة اللاسلكيّ
onda (f)	mawʒa (f)	موجة
giornale (m) di bordo	siʒil as safīna (m)	سجل السفينة
cannocchiale (m)	minẓār (m)	منظار
campana (f)	ʒaras (m)	جرس
bandiera (f)	'alam (m)	علم
cavo (m) (~ d'ormeggio)	ḥabl (m)	حبل
nodo (m)	'uqda (f)	عقدة
ringhiera (f)	drabizīn (m)	درابزين
passerella (f)	sullam (m)	سلّم
ancora (f)	mirsāt (f)	مرساة
levare l'ancora	rafaʿ mirsāt	رفع مرساة
gettare l'ancora	rasa	رسا
catena (f) dell'ancora	silsilat mirsāt (f)	سلسلة مرساة
porto (m)	mīnā' (m)	ميناء
banchina (f)	marsa (m)	مرسى
ormeggiarsi (vr)	rasa	رسا
salpare (vi)	aqla'	أقلع
viaggio (m)	riḥla (f)	رحلة
crociera (f)	riḥla baḥriyya (f)	رحلة بحرية
rotta (f)	masār (m)	مسار
itinerario (m)	ṭarīq (m)	طريق
tratto (m) navigabile	maʒra milāḥiy (m)	مجرى ملاحيّ
secca (f)	miyāh ḍaḥla (f)	مياه ضحلة
arenarsi (vr)	ʒanaḥ	جنح
tempesta (f)	'āṣifa (f)	عاصفة
segnale (m)	iʃāra (f)	إشارة
affondare (andare a fondo)	ɣariq	غرق
Uomo in mare!	saqaṭ raʒul min as safīna!	سقط رجل من السفينة!
SOS	nidā' iɣāθa (m)	نداء إغاثة
salvagente (m) anulare	ṭawq naʒāt (m)	طوق نجاة

T&P BOOKS

CITTÀ

T&P Books Publishing

autobus (m)	bāṣ (m)	باص
tram (m)	trām (m)	ترام
filobus (m)	truli bāṣ (m)	ترولي باص
itinerario (m)	χaṭṭ (m)	خطّ
numero (m)	raqm (m)	رقم
andare in …	rakib …	ركب...
salire (~ sull'autobus)	rakib	ركب
scendere da …	nazil min	نزل من
fermata (f) (~ dell'autobus)	mawqif (m)	موقف
prossima fermata (f)	al maḥaṭṭa al qādima (f)	المحطّة القادمة
capolinea (m)	āχir maḥaṭṭa (f)	آخر محطّة
orario (m)	ʒadwal (m)	جدول
aspettare (vt)	intazar	إنتظر
biglietto (m)	taðkira (f)	تذكرة
prezzo (m) del biglietto	uʒra (f)	أجرة
cassiere (m)	ṣarrāf (m)	صرّاف
controllo (m) dei biglietti	taftīʃ taðkira (m)	تفتيش تذكرة
bigliettaio (m)	mufattiʃ taðākir (m)	مفتّش تذاكر
essere in ritardo	ta'aχχar	تأخّر
perdere (~ il treno)	ta'aχχar	تأخّر
avere fretta	istaʕʒal	إستعجل
taxi (m)	taksi (m)	تاكسي
taxista (m)	sā'iq taksi (m)	سائق تاكسي
in taxi	bit taksi	بالتاكسي
parcheggio (m) di taxi	mawqif taksi (m)	موقف تاكسي
chiamare un taxi	kallam tāksi	كلّم تاكسي
prendere un taxi	aχað taksi	أخذ تاكسي
traffico (m)	ḥarakat al murūr (f)	حركة المرور
ingorgo (m)	zaḥmat al murūr (f)	زحمة المرور
ore (f pl) di punta	sāʕat að ðurwa (f)	ساعة الذروة
parcheggiarsi (vr)	awqaf	أوقف
parcheggiare (vt)	awqaf	أوقف
parcheggio (m)	mawqif as sayyārāt (m)	موقف السيارات
metropolitana (f)	mitru (m)	مترو
stazione (f)	maḥaṭṭa (f)	محطّة
prendere la metropolitana	rakib al mitru	ركب المترو

| treno (m) | qiṭār (m) | قطار |
| stazione (f) ferroviaria | maḥaṭṭat qiṭār (f) | محطة قطار |

28. Città. Vita di città

città (f)	madīna (f)	مدينة
capitale (f)	ʿāṣima (f)	عاصمة
villaggio (m)	qarya (f)	قرية

mappa (f) della città	xarīṭat al madīna (f)	خريطة المدينة
centro (m) della città	markaz al madīna (m)	مركز المدينة
sobborgo (m)	ḍāḥiya (f)	ضاحية
suburbano (agg)	aḍ ḍawāḥi	الضواحي

periferia (f)	aṭrāf al madīna (pl)	أطراف المدينة
dintorni (m pl)	ḍawāḥi al madīna (pl)	ضواحي المدينة
isolato (m)	ḥayy (m)	حي
quartiere residenziale	ḥayy sakaniy (m)	حي سكني

traffico (m)	ḥarakat al murūr (f)	حركة المرور
semaforo (m)	iʃārāt al murūr (pl)	إشارات المرور
trasporti (m pl) urbani	wasāʾil an naql (pl)	وسائل النقل
incrocio (m)	taqāṭuʿ (m)	تقاطع

passaggio (m) pedonale	maʿbar al muʃāt (m)	معبر المشاة
sottopassaggio (m)	nafaq muʃāt (m)	نفق مشاة
attraversare (vt)	ʿabar	عبر
pedone (m)	māʃi (m)	ماش
marciapiede (m)	raṣīf (m)	رصيف

ponte (m)	ʒisr (m)	جسر
banchina (f)	kurnīʃ (m)	كورنيش
fontana (f)	nāfūra (f)	نافورة

vialetto (m)	mamʃa (m)	ممشى
parco (m)	ḥadīqa (f)	حديقة
boulevard (m)	bulvār (m)	بولفار
piazza (f)	maydān (m)	ميدان
viale (m), corso (m)	ʃāriʿ (m)	شارع
via (f), strada (f)	ʃāriʿ (m)	شارع
vicolo (m)	zuqāq (m)	زقاق
vicolo (m) cieco	ṭarīq masdūd (m)	طريق مسدود

casa (f)	bayt (m)	بيت
edificio (m)	mabna (m)	مبنى
grattacielo (m)	nāṭiḥat saḥāb (f)	ناطحة سحاب

facciata (f)	wāʒiha (f)	واجهة
tetto (m)	saqf (m)	سقف
finestra (f)	ʃubbāk (m)	شباك

arco (m)	qaws (m)	قوس
colonna (f)	'amūd (m)	عمود
angolo (m)	zāwiya (f)	زاوية

vetrina (f)	vatrīna (f)	فترينة
insegna (f) (di negozi, ecc.)	lāfita (f)	لافتة
cartellone (m)	mulṣaq (m)	ملصق
cartellone (m) pubblicitario	mulṣaq i'lāniy (m)	ملصق إعلاني
tabellone (m) pubblicitario	lawḥat i'lānāt (f)	لوحة إعلانات

pattume (m), spazzatura (f)	zubāla (f)	زبالة
pattumiera (f)	ṣundūq zubāla (m)	صندوق زبالة
sporcare (vi)	rama zubāla	رمى زبالة
discarica (f) di rifiuti	mazbala (f)	مزبلة

cabina (f) telefonica	kuʃk tilifūn (m)	كشك تليفون
lampione (m)	'amūd al miṣbāḥ (m)	عمود المصباح
panchina (f)	dikka (f), kursiy (m)	دكة, كرسي

poliziotto (m)	ʃurṭiy (m)	شرطي
polizia (f)	ʃurṭa (f)	شرطة
mendicante (m)	ʃaḥḥāḏ (m)	شحاذ
barbone (m)	mutaʃarrid (m)	متشرد

29. Servizi cittadini

negozio (m)	maḥall (m)	محل
farmacia (f)	ṣaydaliyya (f)	صيدلية
ottica (f)	al adawāt al baṣariyya (pl)	الأدوات البصرية
centro (m) commerciale	markaz tiʒāriy (m)	مركز تجاري
supermercato (m)	subirmarkit (m)	سوبرماركت

panetteria (f)	maxbaz (m)	مخبز
fornaio (m)	xabbāz (m)	خباز
pasticceria (f)	dukkān ḥalawāniy (m)	دكان حلواني
drogheria (f)	baqqāla (f)	بقالة
macelleria (f)	malḥama (f)	ملحمة

fruttivendolo (m)	dukkān xuḍār (m)	دكان خضار
mercato (m)	sūq (f)	سوق

caffè (m)	kafé (m), maqha (m)	كافيه, مقهى
ristorante (m)	maṭ'am (m)	مطعم
birreria (f), pub (m)	ḥāna (f)	حانة
pizzeria (f)	maṭ'am pizza (m)	مطعم بيتزا

salone (m) di parrucchiere	ṣālūn ḥilāqa (m)	صالون حلاقة
ufficio (m) postale	maktab al barīd (m)	مكتب البريد
lavanderia (f) a secco	tanzīf ʒāff (m)	تنظيف جاف
studio (m) fotografico	istūdiyu taṣwīr (m)	إستوديو تصوير

negozio (m) di scarpe	mahall ahðiya (m)	محلّ أحذية
libreria (f)	mahall kutub (m)	محلّ كتب
negozio (m) sportivo	mahall riyāḍiy (m)	محلّ رياضيّ
riparazione (f) di abiti	mahall xiyāṭat malābis (m)	محلّ خياطة ملابس
noleggio (m) di abiti	mahall ta'ʒīr malābis rasmiyya (m)	محلّ تأجير ملابس رسمية
noleggio (m) di film	mahal ta'ʒīr vidiyu (m)	محلّ تأجير فيديو
circo (m)	sirk (m)	سيرك
zoo (m)	hadīqat al hayawān (f)	حديقة حيوان
cinema (m)	sinima (f)	سينما
museo (m)	mathaf (m)	متحف
biblioteca (f)	maktaba (f)	مكتبة
teatro (m)	masrah (m)	مسرح
teatro (m) dell'opera	ubra (f)	أوبرا
locale notturno (m)	malha layliy (m)	ملهى ليليّ
casinò (m)	kazinu (m)	كازينو
moschea (f)	masʒid (m)	مسجد
sinagoga (f)	kanīs maʿbad yahūdiy (m)	كنيس معبد يهوديّ
cattedrale (f)	katidrā'iyya (f)	كاتدرائيّة
tempio (m)	maʿbad (m)	معبد
chiesa (f)	kanīsa (f)	كنيسة
istituto (m)	kulliyya (m)	كلّيّة
università (f)	ʒāmiʿa (f)	جامعة
scuola (f)	madrasa (f)	مدرسة
prefettura (f)	muqāṭaʿa (f)	مقاطعة
municipio (m)	baladiyya (f)	بلديّة
albergo, hotel (m)	funduq (m)	فندق
banca (f)	bank (m)	بنك
ambasciata (f)	safāra (f)	سفارة
agenzia (f) di viaggi	ʃarikat siyāḥa (f)	شركة سياحة
ufficio (m) informazioni	maktab al isti'lāmāt (m)	مكتب الإستعلامات
ufficio (m) dei cambi	ṣarrāfa (f)	صرّافة
metropolitana (f)	mitru (m)	مترو
ospedale (m)	mustaʃfa (m)	مستشفى
distributore (m) di benzina	mahaṭṭat banzīn (f)	محطّة بنزين
parcheggio (m)	mawqif as sayyārāt (m)	موقف السيّارات

30. Cartelli

| insegna (f) (di negozi, ecc.) | lāfita (f) | لافتة |
| iscrizione (f) | bayān (m) | بيان |

cartellone (m)	mulṣaq i'lāniy (m)	ملصق إعلانيّ
segnale (m) di direzione	'alāmat ittiȝāh (f)	علامة إتّجاه
freccia (f)	'alāmat iȝāra (f)	علامة إشارة

avvertimento (m)	taḥðīr (m)	تحذير
avviso (m)	lāfitat taḥðīr (f)	لافتة تحذير
avvertire, avvisare (vt)	ḥaððar	حذّر

giorno (m) di riposo	yawm 'uṭla (m)	يوم عطلة
orario (m)	ȝadwal (m)	جدول
orario (m) di apertura	awqāt al 'amal (pl)	أوقات العمل

BENVENUTI!	ahlan wa sahlan!	أهلًا وسهّلًا
ENTRATA	duxūl	دخول
USCITA	xurūȝ	خروج

SPINGERE	idfa'	إدفع
TIRARE	isḥab	إسحب
APERTO	maftūḥ	مفتوح
CHIUSO	muɣlaq	مغلق

| DONNE | lis sayyidāt | للسيدات |
| UOMINI | lir riȝāl | للرجال |

SCONTI	xaṣm	خصم
SALDI	taxfīḍāt	تخفيضات
NOVITÀ!	ȝadīd!	جديد!
GRATIS	maȝȝānan	مجّانًا

ATTENZIONE!	intibāh!	إنتباه!
COMPLETO	kull al amākin maḥȝūza	كل الأماكن محجوزة
RISERVATO	maḥȝūz	محجوز

| AMMINISTRAZIONE | idāra | إدارة |
| RISERVATO AL PERSONALE | lil 'āmilīn faqaṭ | للعاملين فقط |

ATTENTI AL CANE	iḥðar wuȝūd al kalb	إحذر وجود الكلب
VIETATO FUMARE!	mamnū' at tadxīn	ممنوع التدخين
NON TOCCARE	'adam al lams	عدم اللمس

PERICOLOSO	xaṭīr	خطير
PERICOLO	xaṭar	خطر
ALTA TENSIONE	tayyār 'āli	تيّار عالي
DIVIETO DI BALNEAZIONE	as sibāḥa mamnū'a	السباحة ممنوعة
GUASTO	mu'aṭṭal	معطّل

INFIAMMABILE	sarī' al iȝti'āl	سريع الإشتعال
VIETATO	mamnū'	ممنوع
VIETATO L'INGRESSO	mamnū' al murūr	ممنوع المرور
VERNICE FRESCA	iḥðar ṭilā' ɣayr ȝāff	إحذر طلاء غير جاف

31. Acquisti

comprare (vt)	iʃtara	إشترى
acquisto (m)	ʃay' (m)	شيء
fare acquisti	iʃtara	إشترى
shopping (m)	ʃubinɣ (m)	شوبينغ
essere aperto (negozio)	maftūḥ	مفتوح
essere chiuso	muɣlaq	مغلق
calzature (f pl)	aḥðiya (pl)	أحذية
abbigliamento (m)	malābis (pl)	ملابس
cosmetica (f)	mawādd at taʒmīl (pl)	مواد التجميل
alimentari (m pl)	ma'kūlāt (pl)	مأكولات
regalo (m)	hadiyya (f)	هديّة
commesso (m)	bā'i' (m)	بائع
commessa (f)	bā'i'a (f)	بائعة
cassa (f)	ṣundū' ad daf' (m)	صندوق الدفع
specchio (m)	mir'āt (f)	مرآة
banco (m)	minḍada (f)	منضدة
camerino (m)	ɣurfat al qiyās (f)	غرفة القياس
provare (~ un vestito)	ʒarrab	جرّب
stare bene (vestito)	nāsab	ناسب
piacere (vi)	a'ʒab	أعجب
prezzo (m)	si'r (m)	سعر
etichetta (f) del prezzo	tikit as si'r (m)	تيكت السعر
costare (vt)	kallaf	كلّف
Quanto?	bikam?	بكم؟
sconto (m)	χaṣm (m)	خصم
no muy caro (agg)	ɣayr ɣāli	غير غال
a buon mercato	raχīṣ	رخيص
caro (agg)	ɣāli	غال
È caro	haða ɣāli	هذا غال
noleggio (m)	isti'ʒār (m)	إستئجار
noleggiare (~ un abito)	ista'ʒar	إستأجر
credito (m)	i'timān (m)	إئتمان
a credito	bid dayn	بالدين

T&P BOOKS

ABBIGLIAMENTO E ACCESSORI

T&P Books Publishing

32. Indumenti. Soprabiti

vestiti (m pl)	malābis (pl)	ملابس
soprabito (m)	malābis fawqāniyya (pl)	ملابس فوقانيّة
abiti (m pl) invernali	malābis ʃitawiyya (pl)	ملابس شتويّة
cappotto (m)	miʿṭaf (m)	معطف
pelliccia (f)	miʿṭaf farw (m)	معطف فرو
pellicciotto (m)	ʒakīt farw (m)	جاكيت فرو
piumino (m)	haʃiyyat rīʃ (m)	حشية ريش
giubbotto (m), giaccha (f)	ʒākīt (m)	جاكيت
impermeabile (m)	miʿṭaf lil maṭar (m)	معطف للمطر
impermeabile (agg)	ṣāmid lil māʾ	صامد للماء

33. Abbigliamento uomo e donna

camicia (f)	qamīṣ (m)	قميص
pantaloni (m pl)	banṭalūn (m)	بنطلون
jeans (m pl)	ʒīnz (m)	جينز
giacca (f) (~ di tweed)	sutra (f)	سترة
abito (m) da uomo	badla (f)	بدلة
abito (m)	fustān (m)	فستان
gonna (f)	tannūra (f)	تنّورة
camicetta (f)	blūza (f)	بلوزة
giacca (f) a maglia	kardigān (m)	كارديجان
giacca (f) tailleur	ʒākīt (m)	جاكيت
maglietta (f)	ti ʃirt (m)	تي شيرت
pantaloni (m pl) corti	ʃūrt (m)	شورت
tuta (f) sportiva	badlat at tadrīb (f)	بدلة التدريب
accappatoio (m)	θawb ḥammām (m)	ثوب حمّام
pigiama (m)	biʒāma (f)	بيجاما
maglione (m)	bulūvir (m)	بلوفر
pullover (m)	bulūvir (m)	بلوفر
gilè (m)	ṣudayriy (m)	صديريّ
frac (m)	badlat sahra (f)	بدلة سهرة
smoking (m)	smūkin (m)	سموكن
uniforme (f)	zayy muwaḥḥad (m)	زي موحّد
tuta (f) da lavoro	θiyāb al ʿamal (m)	ثياب العمل

salopette (f)	uvirūl (m)	اوفرول
camice (m) (~ del dottore)	θawb (m)	ثوب

34. Abbigliamento. Biancheria intima

biancheria (f) intima	malābis dāχiliyya (pl)	ملابس داخليّة
boxer (m pl)	sirwāl dāχiliy riʒāliy (m)	سروال داخلي رجاليّ
mutandina (f)	sirwāl dāχiliy nisā'iy (m)	سروال داخلي نسائيّ
maglietta (f) intima	qamīṣ bila aqmām (m)	قميص بلا أكمام
calzini (m pl)	ʒawārib (pl)	جوارب

camicia (f) da notte	qamīṣ nawm (m)	قميص نوم
reggiseno (m)	ḥammālat ṣadr (f)	حمّالة صدر
calzini (m pl) alti	ʒawārib ṭawīla (pl)	جوارب طويلة
collant (m)	ʒawārib kulūn (pl)	جوارب كولون
calze (f pl)	ʒawārib nisā'iyya (pl)	جوارب نسائية
costume (m) da bagno	libās sibāḥa (m)	لباس سباحة

35. Copricapo

cappello (m)	qubba'a (f)	قبّعة
cappello (m) di feltro	burnayṭa (f)	برنيطة
cappello (m) da baseball	kāb baysbūl (m)	كاب بيسبول
coppola (f)	qubba'a musaṭṭaḥa (f)	قبّعة مسطحة

basco (m)	birīḥ (m)	بيريه
cappuccio (m)	χiṭā' (m)	غطاء
panama (m)	qubba'at banāma (f)	قبّعة بنامًا
berretto (m) a maglia	qubbā'a maḥbūka (m)	قبّعة محبوكة

fazzoletto (m) da capo	ʻīʒārb (m)	إيشارب
cappellino (m) donna	burnayṭa (f)	برنيطة

casco (m) (~ di sicurezza)	χūða (f)	خوذة
bustina (f)	kāb (m)	كاب
casco (m) (~ moto)	χūða (f)	خوذة

bombetta (f)	qubba'at dirbi (f)	قبّعة ديربي
cilindro (m)	qubba'a ʻāliya (f)	قبّعة عالية

36. Calzature

calzature (f pl)	aḥðiya (pl)	أحذيا
stivaletti (m pl)	ʒazma (f)	جزمة
scarpe (f pl)	ʒazma (f)	جزمة
stivali (m pl)	būt (m)	بوت

pantofole (f pl)	ʃibʃib (m)	شبشب
scarpe (f pl) da tennis	ḥiðā' riyāḍiy (m)	حذاء رياضيّ
scarpe (f pl) da ginnastica	kutʃi (m)	كوتشي
sandali (m pl)	ṣandal (pl)	صندل

calzolaio (m)	iskāfiy (m)	إسكافيّ
tacco (m)	ka'b (m)	كعب
paio (m)	zawʒ (m)	زوج

laccio (m)	ʃarīṭ (m)	شريط
allacciare (vt)	rabaṭ	ربط
calzascarpe (m)	labbāsat ḥiðā' (f)	لبّاسة حذاء
lucido (m) per le scarpe	warnīʃ al ḥiðā' (m)	ورنيش الحذاء

37. Accessori personali

guanti (m pl)	quffāz (m)	قفّاز
manopole (f pl)	quffāz muɣlaq (m)	قفّاز مغلق
sciarpa (f)	'iʃārb (m)	إيشارب

occhiali (m pl)	naẓẓāra (f)	نظّارة
montatura (f)	iṭār (m)	إطار
ombrello (m)	ʃamsiyya (f)	شمسيّة
bastone (m)	'aṣa (f)	عصا
spazzola (f) per capelli	furʃat ʃa'r (f)	فرشة شعر
ventaglio (m)	mirwaḥa yadawiyya (f)	مروحة يدوية

cravatta (f)	karavatta (f)	كرافتة
cravatta (f) a farfalla	babyūn (m)	ببيون
bretelle (f pl)	ḥammāla (f)	حمّالة
fazzoletto (m)	mandīl (m)	منديل

pettine (m)	miʃṭ (m)	مشط
fermaglio (m)	dabbūs (m)	دبّوس
forcina (f)	bansa (m)	بنسة
fibbia (f)	bukla (f)	بكلة

cintura (f)	ḥizām (m)	حزام
spallina (f)	ḥammalat al katf (f)	حمّالة الكتف

borsa (f)	ʃanṭa (f)	شنطة
borsetta (f)	ʃanṭat yad (f)	شنطة يد
zaino (m)	ḥaqībat ẓahr (f)	حقيبة ظهر

38. Abbigliamento. Varie

moda (f)	mūḍa (f)	موضة
di moda	fil mūḍa	في الموضة

stilista (m)	muṣammim azyā' (m)	مصمّم أزياء
collo (m)	yāqa (f)	ياقة
tasca (f)	ʒayb (m)	جيب
tascabile (agg)	ʒayb	جيب
manica (f)	kumm (m)	كمّ
asola (f) per appendere	'allāqa (f)	علّاقة
patta (f) (~ dei pantaloni)	lisān (m)	لسان
cerniera (f) lampo	zimām munzaliq (m)	زمام منزلق
chiusura (f)	miʃbak (m)	مشبك
bottone (m)	zirr (m)	زرّ
occhiello (m)	'urwa (f)	عروة
staccarsi (un bottone)	waqa'	وقع
cucire (vi, vt)	χāṭ	خاط
ricamare (vi, vt)	ṭarraz	طرّز
ricamo (m)	taṭrīz (m)	تطريز
ago (m)	ibra (f)	إبرة
filo (m)	χayṭ (m)	خيط
cucitura (f)	darz (m)	درز
sporcarsi (vr)	tawassaχ	توسّخ
macchia (f)	buq'a (f)	بقعة
sgualcirsi (vr)	takarmaʃ	تكرمش
strappare (vt)	qaṭṭa'	قطّع
tarma (f)	'uθθa (f)	عثّة

39. Cura della persona. Cosmetici

dentifricio (m)	ma'ʒūn asnān (m)	معجون أسنان
spazzolino (m) da denti	furʃat asnān (f)	فرشة أسنان
lavarsi i denti	naẓẓaf al asnān	نظّف لأسنان
rasoio (m)	mūs ḥilāqa (m)	موس حلاقة
crema (f) da barba	krīm ḥilāqa (m)	كريم حلاقة
rasarsi (vr)	ḥalaq	حلق
sapone (m)	ṣābūn (m)	صابون
shampoo (m)	ʃāmbū (m)	شامبو
forbici (f pl)	maqaṣṣ (m)	مقصّ
limetta (f)	mibrad (m)	مبرد
tagliaunghie (m)	milqaṭ (m)	ملقط
pinzette (f pl)	milqaṭ (m)	ملقط
cosmetica (f)	mawādd at taʒmīl (pl)	موادّ التجميل
maschera (f) di bellezza	mask (m)	ماسك
manicure (m)	manikūr (m)	مانيكور
fare la manicure	'amal manikūr	عمل مانيكور
pedicure (m)	badikīr (m)	باديكير

borsa (f) del trucco	ḥaqībat adawāt at taʒmīl (f)	حقيبة أدوات التجميل
cipria (f)	budrat waʒh (f)	بودرة وجه
portacipria (m)	ʿulbat būdra (f)	علبة بودرة
fard (m)	aḥmar χudūd (m)	أحمر خدود
profumo (m)	ʿiṭr (m)	عطر
acqua (f) da toeletta	kulūnya (f)	كولونيا
lozione (f)	lusiyun (m)	لوسيون
acqua (f) di Colonia	kulūniya (f)	كولونيا
ombretto (m)	ay ʃaduw (m)	اي شادو
eyeliner (m)	kuḥl al ʿuyūn (m)	كحل العيون
mascara (m)	maskara (f)	ماسكارا
rossetto (m)	aḥmar ʃifāh (m)	أحمر شفاه
smalto (m)	mulammiʿ al aẓāfir (m)	ملمّع الاظافر
lacca (f) per capelli	muθabbit aʃ ʃaʿr (m)	مثبّت الشعر
deodorante (m)	muzīl rawāʾiḥ (m)	مزيل روائح
crema (f)	krīm (m)	كريم
crema (f) per il viso	krīm lil waʒh (m)	كريم للوجه
crema (f) per le mani	krīm lil yadayn (m)	كريم لليدين
crema (f) antirughe	krīm muḍādd lit taʒāʿīd (m)	كريم مضادّ للتجاعيد
crema (f) da giorno	krīm an nahār (m)	كريم النهار
crema (f) da notte	krīm al layl (m)	كريم الليل
da giorno	nahāriy	نهاريّ
da notte	layliy	ليلي
tampone (m)	tambūn (m)	تانبون
carta (f) igienica	waraq ḥammām (m)	ورق حمّام
fon (m)	muʒaffif ʃaʿr (m)	مجفّف شعر

40. Orologi da polso. Orologio

orologio (m) (~ da polso)	sāʿa (f)	ساعة
quadrante (m)	waʒh as sāʿa (m)	وجه الساعة
lancetta (f)	ʿaqrab as sāʿa (m)	عقرب الساعة
braccialetto (m)	siwār sāʿa maʿdaniyya (m)	سوار ساعة معدنية
cinturino (m)	siwār sāʿa (m)	سوار ساعة
pila (f)	baṭṭāriyya (f)	بطّاريّة
essere scarico	tafarraχ	تفرّغ
cambiare la pila	χayyar al baṭṭāriyya	غيّر البطّاريّة
andare avanti	sabaq	سبق
andare indietro	taʾaχχar	تأخّر
orologio (m) da muro	sāʿat ḥāʾiṭ (f)	ساعة حائط
clessidra (f)	sāʿa ramliyya (f)	ساعة رمليّة
orologio (m) solare	sāʿa ʃamsiyya (f)	ساعة شمسيّة
sveglia (f)	munabbih (m)	منبّه

| orologiaio (m) | sa'ātiy (m) | ساعاتيّ |
| riparare (vt) | aṣlaḥ | أصلح |

T&P BOOKS

L'ESPERIENZA QUOTIDIANA

T&P Books Publishing

soldi (m pl)	nuqūd (pl)	نقود
cambio (m)	taḥwīl 'umla (m)	تحويل عملة
corso (m) di cambio	si'r aṣ ṣarf (m)	سعر الصرف
bancomat (m)	ṣarrāf 'āliy (m)	صرّاف آليّ
moneta (f)	qiṭ'a naqdiyya (f)	قطعة نقدية
dollaro (m)	dulār (m)	دولار
euro (m)	yuru (m)	يورو
lira (f)	lira iṭāliyya (f)	ليرة إيطالية
marco (m)	mark almāniy (m)	مارك ألماني
franco (m)	frank (m)	فرنك
sterlina (f)	ʒunayh istirlīniy (m)	جنيه استرلينيّ
yen (m)	yīn (m)	ين
debito (m)	dayn (m)	دين
debitore (m)	mudīn (m)	مدين
prestare (~ i soldi)	sallaf	سلّف
prendere in prestito	istalaf	إستلف
banca (f)	bank (m)	بنك
conto (m)	ḥisāb (m)	حساب
versare (vt)	awda'	أودع
versare sul conto	awda' fil ḥisāb	أودع في الحساب
prelevare dal conto	saḥab min al ḥisāb	سحب من الحساب
carta (f) di credito	biṭāqat i'timān (f)	بطاقة إئتمان
contanti (m pl)	nuqūd (pl)	نقود
assegno (m)	ʃīk (m)	شيك
emettere un assegno	katab ʃīk	كتب شيكًا
libretto (m) di assegni	daftar ʃīkāt (m)	دفتر شيكات
portafoglio (m)	maḥfaẓat ʒīb (f)	محفظة جيب
borsellino (m)	maḥfaẓat fakka (f)	محفظة فكّة
cassaforte (f)	xizāna (f)	خزانة
erede (m)	wāris (m)	وارث
eredità (f)	wirāθa (f)	وراثة
fortuna (f)	θarwa (f)	ثروة
affitto (m), locazione (f)	'iʒār (m)	إيجار
canone (m) d'affitto	uʒrat as sakan (f)	أجرة السكن
affittare (dare in affitto)	ista'ʒar	إستأجر
prezzo (m)	si'r (m)	سعر

| costo (m) | θaman (m) | ثمن |
| somma (f) | mablaɣ (m) | مبلغ |

spendere (vt)	ṣaraf	صرف
spese (f pl)	maṣārīf (pl)	مصاريف
economizzare (vi, vt)	waffar	وفّر
economico (agg)	muwaffir	موفّر

pagare (vi, vt)	dafa'	دفع
pagamento (m)	daf' (m)	دفع
resto (m) (dare il ~)	al bāqi (m)	الباقي

imposta (f)	ḍarība (f)	ضريبة
multa (f), ammenda (f)	ɣarāma (f)	غرامة
multare (vt)	faraḍ ɣarāma	فرض غرامة

42. Posta. Servizio postale

ufficio (m) postale	maktab al barīd (m)	مكتب البريد
posta (f) (lettere, ecc.)	al barīd (m)	البريد
postino (m)	sā'i al barīd (m)	ساعي البريد
orario (m) di apertura	awqāt al 'amal (pl)	أوقات العمل

lettera (f)	risāla (f)	رسالة
raccomandata (f)	risāla musaǧǧala (f)	رسالة مسجّلة
cartolina (f)	biṭāqa barīdiyya (f)	بطاقة بريديّة
telegramma (m)	barqiyya (f)	برقيّة
pacco (m) postale	ṭard (m)	طرد
vaglia (m) postale	ḥawāla māliyya (f)	حوالة ماليّة

ricevere (vt)	istalam	إستلم
spedire (vt)	arsal	أرسل
invio (m)	irsāl (m)	إرسال
indirizzo (m)	'unwān (m)	عنوان
codice (m) postale	raqm al barīd (m)	رقم البريد
mittente (m)	mursil (m)	مرسل
destinatario (m)	mursal ilayh (m)	مرسل إليه

| nome (m) | ism (m) | إسم |
| cognome (m) | ism al 'ā'ila (m) | إسم العائلة |

tariffa (f)	ta'rīfa (f)	تعريفة
ordinario (agg)	'ādiy	عاديَ
standard (agg)	muwaffir	موفّر

peso (m)	wazn (m)	وزن
pesare (vt)	wazan	وزن
busta (f)	ẓarf (m)	ظرف
francobollo (m)	ṭābi' (m)	طابع
affrancare (vt)	alṣaq ṭābi'	ألصق طابعا

43. Attività bancaria

Italiano	Arabo (traslitterazione)	Arabo
banca (f)	bank (m)	بنك
filiale (f)	farʿ (m)	فرع
consulente (m)	muwaẓẓaf bank (m)	موظّف بنك
direttore (m)	mudīr (m)	مدير
conto (m) bancario	ḥisāb (m)	حساب
numero (m) del conto	raqm al ḥisāb (m)	رقم الحساب
conto (m) corrente	ḥisāb ʒāri (m)	حساب جار
conto (m) di risparmio	ḥisāb tawfīr (m)	حساب توفير
aprire un conto	fataḥ ḥisāb	فتح حسابا
chiudere il conto	aɣlaq ḥisāb	أغلق حسابا
versare sul conto	awdaʿ fil ḥisāb	أودع في الحساب
prelevare dal conto	saḥab min al ḥisāb	سحب من الحساب
deposito (m)	wadīʿa (f)	وديعة
depositare (vt)	awdaʿ	أودع
trasferimento (m) telegrafico	ḥawāla (f)	حوالة
rimettere i soldi	ḥawwal	حوّل
somma (f)	mablaɣ (m)	مبلغ
Quanto?	kam?	كم؟
firma (f)	tawqīʿ (m)	توقيع
firmare (vt)	waqqaʿ	وقّع
carta (f) di credito	biṭāqat iʾtimān (f)	بطاقة ائتمان
codice (m)	kūd (m)	كود
numero (m) della carta di credito	raqm biṭaqat iʾtimān (m)	رقم بطاقة إئتمان
bancomat (m)	ṣarrāf ʾāliy (m)	صرّاف آليّ
assegno (m)	ʃīk (m)	شيك
emettere un assegno	katab ʃīk	كتب شيكًا
libretto (m) di assegni	daftar ʃīkāt (m)	دفتر شيكات
prestito (m)	qarḍ (m)	قرض
fare domanda per un prestito	qaddam ṭalab lil ḥuṣūl ʿala qarḍ	قدّم طلبا للحصول على قرض
ottenere un prestito	ḥaṣal ʿala qarḍ	حصل على قرض
concedere un prestito	qaddam qarḍ	قدّم قرضا
garanzia (f)	ḍamān	ضمان

44. Telefono. Conversazione telefonica

Italiano	Arabo (traslitterazione)	Arabo
telefono (m)	hātif (m)	هاتف
telefonino (m)	hātif maḥmūl (m)	هاتف محمول

segreteria (f) telefonica	muʒīb al hātif (m)	مجيب الهاتف
telefonare (vi, vt)	ittaṣal	إتّصل
chiamata (f)	mukālama tilifuniyya (f)	مكالمة تليفونية

comporre un numero	ittaṣal bi raqm	إتّصل برقم
Pronto!	alu!	ألو!
chiedere (domandare)	sa'al	سأل
rispondere (vi, vt)	radd	ردّ

udire (vt)	sami'	سمع
bene	ʒayyidan	جيّدًا
male	sayyi'an	سيّئًا
disturbi (m pl)	taʃwīʃ (m)	تشويش

cornetta (f)	sammā'a (f)	سمّاعة
alzare la cornetta	rafa' as sammā'a	رفع السمّاعة
riattaccare la cornetta	qafal as sammā'a	قفل السمّاعة

occupato (agg)	maʃɣūl	مشغول
squillare (del telefono)	rann	رنّ
elenco (m) telefonico	dalīl at tilifūn (m)	دليل التليفون

| locale (agg) | maḥalliyya | ة محلّية |
| telefonata (f) urbana | mukālama hātifiyya maḥalliyya (f) | مكالمة هاتفية محلّية |

| interurbano (agg) | ba'īd al mada | بعيد المدى |
| telefonata (f) interurbana | mukālama ba'īdat al mada (f) | مكالمة بعيدة المدى |

| internazionale (agg) | duwaliy | دولي |
| telefonata (f) internazionale | mukālama duwaliyya (f) | مكالمة دولية |

45. Telefono cellulare

telefonino (m)	hātif maḥmūl (m)	هاتف محمول
schermo (m)	ʒihāz 'arḍ (m)	جهاز عرض
tasto (m)	zirr (m)	زرّ
scheda SIM (f)	sim kart (m)	سيم كارت

pila (f)	baṭṭāriyya (f)	بطّارية
essere scarico	χalaṣat	خلصت
caricabatteria (m)	ʃāḥin (m)	شاحن

menù (m)	qā'ima (f)	قائمة
impostazioni (f pl)	awḍā' (pl)	أوضاع
melodia (f)	naɣma (f)	نغمة
scegliere (vt)	iχtār	إختار

calcolatrice (f)	'āla ḥāsiba (f)	آلة حاسبة
segreteria (f) telefonica	barīd ṣawtiy (m)	بريد صوتي
sveglia (f)	munabbih (m)	منبّه

contatti (m pl)	ʒihāt al ittiṣāl (pl)	جهات الإتّصال
messaggio (m) SMS	risāla qaṣīra ɛsɛmɛs (f)	sms رسالة قصيرة
abbonato (m)	muʃtarik (m)	مشترك

46. Articoli di cancelleria

penna (f) a sfera	qalam ʒāf (m)	قلم جاف
penna (f) stilografica	qalam rīʃa (m)	قلم ريشة
matita (f)	qalam ruṣāṣ (m)	قلم رصاص
evidenziatore (m)	markir (m)	ماركر
pennarello (m)	qalam xaṭṭāṭ (m)	قلم خطاط
taccuino (m)	muðakkira (f)	مذكّرة
agenda (f)	ʒadwal al aʿmāl (m)	جدول الأعمال
righello (m)	masṭara (f)	مسطرة
calcolatrice (f)	ʾāla ḥāsiba (f)	آلة حاسبة
gomma (f) per cancellare	astīka (f)	استيكة
puntina (f)	dabbūs (m)	دبّوس
graffetta (f)	dabbūs waraq (m)	دبّوس ورق
colla (f)	ṣamɣ (m)	صمغ
pinzatrice (f)	dabbāsa (f)	دبّاسة
perforatrice (f)	xarrāma (m)	خرّامة
temperamatite (m)	mibrāt (f)	مبراة

47. Lingue straniere

lingua (f)	luɣa (f)	لغة
straniero (agg)	aʒnabiy	أجنبيّ
lingua (f) straniera	luɣa aʒnabiyya (f)	لغة أجنبيّة
studiare (vt)	daras	درس
imparare (una lingua)	taʿallam	تعلّم
leggere (vi, vt)	qara'	قرأ
parlare (vi, vt)	takallam	تكلّم
capire (vt)	fahim	فهم
scrivere (vi, vt)	katab	كتب
rapidamente	bi surʿa	بسرعة
lentamente	bi buṭ'	ببطء
correntemente	bi ṭalāqa	بطلاقة
regole (f pl)	qawāʿid (pl)	قواعد
grammatica (f)	an naḥw waṣ ṣarf (m)	النحو والصرف
lessico (m)	mufradāt al luɣa (pl)	مفردات اللغة
fonetica (f)	ṣawtīyyāt (pl)	صوتيّات

manuale (m)	kitāb ta'līm (m)	كتاب تعليم
dizionario (m)	qāmūs (m)	قاموس
manuale (m) autodidattico	kitāb ta'līm ðātiy (m)	كتاب تعليم ذاتيّ
frasario (m)	kitāb lil 'ibārāt aʃʃā'i'a (m)	كتاب للعبارت الشائعة
cassetta (f)	ʃarīṭ (m)	شريط
videocassetta (f)	ʃarīʿṭ vidiyu (m)	شريط فيديو
CD (m)	si di (m)	سي دي
DVD (m)	di vi di (m)	دي في دي
alfabeto (m)	alifbā' (m)	الفباء
compitare (vt)	tahaʒʒa	تهجّى
pronuncia (f)	nuṭq (m)	نطق
accento (m)	lukna (f)	لكنة
con un accento	bi lukna	بلكنة
senza accento	bi dūn lukna	بدون لكنة
vocabolo (m)	kalima (f)	كلمة
significato (m)	ma'na (m)	معنى
corso (m) (~ di francese)	dawra (f)	دورة
iscriversi (vr)	saʒʒal ismahu	سجّل إسمه
insegnante (m, f)	mudarris (m)	مدرس
traduzione (f) (fare una ~)	tarʒama (f)	ترجمة
traduzione (f) (un testo)	tarʒama (f)	ترجمة
traduttore (m)	mutarʒim (m)	مترجم
interprete (m)	mutarʒim fawriy (m)	مترجم فوريّ
poliglotta (m)	'alīm bi 'iddat luɣāt (m)	عليم بعدّة لغات
memoria (f)	ðākira (f)	ذاكرة

T&P BOOKS

PASTI. RISTORANTE

T&P Books Publishing

48. Preparazione della tavola

Italiano	Traslitterazione	العربية
cucchiaio (m)	mil'aqa (f)	ملعقة
coltello (m)	sikkīn (m)	سكّين
forchetta (f)	ʃawka (f)	شوكة
tazza (f)	finʒān (m)	فنجان
piatto (m)	ṭabaq (m)	طبق
piattino (m)	ṭabaq finʒān (m)	طبق فنجان
tovagliolo (m)	mandīl (m)	منديل
stuzzicadenti (m)	xallat asnān (f)	خلّة أسنان

49. Ristorante

Italiano	Traslitterazione	العربية
ristorante (m)	maṭ'am (m)	مطعم
caffè (m)	kafé (m), maqha (m)	كافيه، مقهى
pub (m), bar (m)	bār (m)	بار
sala (f) da tè	ṣālun ʃāy (m)	صالون شاي
cameriere (m)	nādil (m)	نادل
cameriera (f)	nādila (f)	نادلة
barista (m)	bārman (m)	بارمان
menù (m)	qā'imat aṭ ṭa'ām (f)	قائمة طعام
lista (f) dei vini	qā'imat al xumūr (f)	قائمة خمور
prenotare un tavolo	ḥaʒaz mā'ida	حجز مائدة
piatto (m)	waʒba (f)	وجبة
ordinare (~ il pranzo)	ṭalab	طلب
fare un'ordinazione	ṭalab	طلب
aperitivo (m)	ʃarāb (m)	شراب
antipasto (m)	muqabbilāt (pl)	مقبّلات
dolce (m)	ḥalawiyyāt (pl)	حلويّات
conto (m)	ḥisāb (m)	حساب
pagare il conto	dafa' al ḥisāb	دفع الحساب
dare il resto	a'ṭa al bāqi	أعطى الباقي
mancia (f)	baqʃīʃ (m)	بقشيش

50. Pasti

Italiano	Traslitterazione	العربية
cibo (m)	akl (m)	أكل
mangiare (vi, vt)	akal	أكل

colazione (f)	fuṭūr (m)	فطور
fare colazione	afṭar	أفطر
pranzo (m)	ɣada' (m)	غداء
pranzare (vi)	taɣadda	تغدّى
cena (f)	'aʃa' (m)	عشاء
cenare (vi)	ta'aʃʃa	تعشّى
appetito (m)	ʃahiyya (f)	شهيّة
Buon appetito!	hanī'an marī'an!	هنيئًا مريئًا!
aprire (vt)	fataḥ	فتح
rovesciare (~ il vino, ecc.)	dalaq	دلق
rovesciarsi (vr)	indalaq	إندلق
bollire (vi)	ɣala	غلى
far bollire	ɣala	غلى
bollito (agg)	maɣliy	مغليّ
raffreddare (vt)	barrad	برّد
raffreddarsi (vr)	tabarrad	تبرّد
gusto (m)	ṭa'm (m)	طعم
retrogusto (m)	al maðāq al 'āliq fil fam (m)	المذاق العالق فى الفم
essere a dieta	faqad al wazn	فقد الوزن
dieta (f)	ḥimya ɣaðā'iyya (f)	حمية غذائية
vitamina (f)	vitamīn (m)	فيتامين
caloria (f)	su'ra ḥarāriyya (f)	سعرة حراريّة
vegetariano (m)	nabātiy (m)	نباتيّ
vegetariano (agg)	nabātiy	نباتيّ
grassi (m pl)	duhūn (pl)	دهون
proteine (f pl)	brutināt (pl)	بروتينات
carboidrati (m pl)	naʃawiyyāt (pl)	نشويّات
fetta (f), fettina (f)	ʃarīḥa (f)	شريحة
pezzo (m) (~ di torta)	qiṭ'a (f)	قطعة
briciola (f) (~ di pane)	futāta (f)	فتاتة

51. Pietanze cucinate

piatto (m) (~ principale)	waʒba (f)	وجبة
cucina (f)	matbaχ (m)	مطبخ
ricetta (f)	waṣfa (f)	وصفة
porzione (f)	waʒba (f)	وجبة
insalata (f)	sulṭa (f)	سلطة
minestra (f)	ʃūrba (f)	شوربة
brodo (m)	maraq (m)	مرق
panino (m)	sandawitʃ (m)	ساندويتش
uova (f pl) al tegamino	bayḍ maqliy (m)	بيض مقليّ

hamburger (m)	hamburger (m)	هامبورجر
bistecca (f)	biftīk (m)	بفتيك
contorno (m)	ṭabaq ӡānibiy (m)	طبق جانبيّ
spaghetti (m pl)	spaɣitti (m)	سباغيتي
purè (m) di patate	harīs baṭāṭis (m)	هريس بطاطس
pizza (f)	bītza (f)	بيتزا
porridge (m)	ʿaṣīda (f)	عصيدة
frittata (f)	bayḍ maxfūq (m)	بيض مخفوق
bollito (agg)	maslūq	مسلوق
affumicato (agg)	mudaxxin	مدخّن
fritto (agg)	maqliy	مقليّ
secco (agg)	muӡaffaf	مجفّف
congelato (agg)	muӡammad	مجمّد
sottoaceto (agg)	muxallil	مخلّل
dolce (gusto)	musakkar	مسكّر
salato (agg)	māliḥ	مالح
freddo (agg)	bārid	بارد
caldo (agg)	sāxin	ساخن
amaro (agg)	murr	مرّ
buono, gustoso (agg)	laðīð	لذيذ
cuocere, preparare (vt)	ṭabax	طبخ
cucinare (vi)	ḥaḍḍar	حضّر
friggere (vt)	qala	قلى
riscaldare (vt)	saxxan	سخّن
salare (vt)	mallaḥ	ملّح
pepare (vt)	falfal	فلفل
grattugiare (vt)	baʃar	بشر
buccia (f)	qiʃra (f)	قشرة
sbucciare (vt)	qaʃʃar	قشّر

52. Cibo

carne (f)	laḥm (m)	لحم
pollo (m)	daӡāӡ (m)	دجاج
pollo (m) novello	farrūӡ (m)	فرّوج
anatra (f)	baṭṭa (f)	بطّة
oca (f)	iwazza (f)	إوزّة
cacciagione (f)	ṣayd (m)	صيد
tacchino (m)	daӡāӡ rūmiy (m)	دجاج رومي
maiale (m)	laḥm al xinzīr (m)	لحم الخنزير
vitello (m)	laḥm il ʿiӡl (m)	لحم العجل
agnello (m)	laḥm aḍ ḍaʼn (m)	لحم الضأن
manzo (m)	laḥm al baqar (m)	لحم البقر
coniglio (m)	arnab (m)	أرنب

salame (m)	suʒuq (m)	سجق
w?rstel (m)	suʒuq (m)	سجق
pancetta (f)	bikūn (m)	بيكون
prosciutto (m)	hām (m)	هام
prosciutto (m) affumicato	faχð χinzīr (m)	فخذ خنزير
pâté (m)	maʿʒūn laḥm (m)	معجون لحم
fegato (m)	kibda (f)	كبدة
carne (f) trita	ḥaʃwa (f)	حشوة
lingua (f)	lisān (m)	لسان
uovo (m)	bayḍa (f)	بيضة
uova (f pl)	bayḍ (m)	بيض
albume (m)	bayāḍ al bayḍ (m)	بياض البيض
tuorlo (m)	ṣafār al bayḍ (m)	صفار البيض
pesce (m)	samak (m)	سمك
frutti (m pl) di mare	fawākih al baḥr (pl)	فواكه البحر
caviale (m)	kaviyār (m)	كافيار
granchio (m)	salṭaʿūn (m)	سلطعون
gamberetto (m)	ʒambari (m)	جمبري
ostrica (f)	maḥār (m)	محار
aragosta (f)	karkand ʃāik (m)	كركند شائك
polpo (m)	uχṭubūṭ (m)	أخطبوط
calamaro (m)	kalmāri (m)	كالماري
storione (m)	samak al ḥaʃʃ (m)	سمك الحفش
salmone (m)	salmūn (m)	سلمون
ippoglosso (m)	samak al halbūt (m)	سمك الهلبوت
merluzzo (m)	samak al qudd (m)	سمك القدّ
scombro (m)	usqumriy (m)	أسقمريّ
tonno (m)	tūna (f)	تونة
anguilla (f)	ḥankalīs (m)	حنكليس
trota (f)	salmūn muraqqaṭ (m)	سلمون مرقّط
sardina (f)	sardīn (m)	سردين
luccio (m)	samak al karāki (m)	سمك الكراكي
aringa (f)	rinʒa (f)	رنجة
pane (m)	χubz (m)	خبز
formaggio (m)	ʒubna (f)	جبنة
zucchero (m)	sukkar (m)	سكّر
sale (m)	milḥ (m)	ملح
riso (m)	urz (m)	أرز
pasta (f)	makarūna (f)	مكرونة
tagliatelle (f pl)	nūdlis (f)	نودلز
burro (m)	zubda (f)	زبدة
olio (m) vegetale	zayt (m)	زيت

olio (m) di girasole	zayt 'abīd aʃ ʃams (m)	زيت عبيد الشمس
margarina (f)	marɣarīn (m)	مرغرين
olive (f pl)	zaytūn (m)	زيتون
olio (m) d'oliva	zayt az zaytūn (m)	زيت الزيتون
latte (m)	ḥalīb (m)	حليب
latte (m) condensato	ḥalīb mukaθθaf (m)	حليب مكثف
yogurt (m)	yūɣurt (m)	يوغورت
panna (f) acida	krīma ḥāmiḍa (f)	كريمة حامضة
panna (f)	krīma (f)	كريمة
maionese (m)	mayunīz (m)	مايونيز
crema (f)	krīmat zubda (f)	كريمة زبدة
cereali (m pl)	ḥubūb (pl)	حبوب
farina (f)	daqīq (m)	دقيق
cibi (m pl) in scatola	mu'allabāt (pl)	معلبات
fiocchi (m pl) di mais	kurn fliks (m)	كورن فليكس
miele (m)	'asal (m)	عسل
marmellata (f)	murabba (m)	مربّى
gomma (f) da masticare	'ilk (m)	علك

53. Bevande

acqua (f)	mā' (m)	ماء
acqua (f) potabile	mā' ʃurb (m)	ماء شرب
acqua (f) minerale	mā' ma'daniy (m)	ماء معدنيّ
liscia (non gassata)	bi dūn ɣāz	بدون غاز
gassata (agg)	mukarban	مكربن
frizzante (agg)	bil ɣāz	بالغاز
ghiaccio (m)	θalʒ (m)	ثلج
con ghiaccio	biθ θalʒ	بالثلج
analcolico (agg)	bi dūn kuḥūl	بدون كحول
bevanda (f) analcolica	maʃrūb ɣāziy (m)	مشروب غازي
bibita (f)	maʃrūb muθallaʒ (m)	مشروب مثلج
limonata (f)	ʃarāb laymūn (m)	شراب ليمون
bevande (f pl) alcoliche	maʃrūbāt kuḥūliyya (pl)	مشروبات كحوليّة
vino (m)	nabīð (f)	نبيذ
vino (m) bianco	nibīð abyaḍ (m)	نبيذ أبيض
vino (m) rosso	nabīð aḥmar (m)	نبيذ أحمر
liquore (m)	liqiūr (m)	ليكيور
champagne (m)	ʃambāniya (f)	شمبانيا
vermouth (m)	virmut (m)	فيرموث
whisky	wiski (m)	وسكي

vodka (f)	vudka (f)	فودكا
gin (m)	ʒīn (m)	جين
cognac (m)	kunyāk (m)	كونياك
rum (m)	rum (m)	رم

caffè (m)	qahwa (f)	قهوة
caffè (m) nero	qahwa sāda (f)	قهوة سدة
caffè latte (m)	qahwa bil ḥalīb (f)	قهوة بالحليب
cappuccino (m)	kaputʃīnu (m)	كابتشينو
caffè (m) solubile	niskafi (m)	نيسكافيه

latte (m)	ḥalīb (m)	حليب
cocktail (m)	kuktayl (m)	كوكتيل
frullato (m)	milk ʃiyk (m)	ميلك شيك

succo (m)	ʿaṣīr (m)	عصير
succo (m) di pomodoro	ʿaṣīr ṭamāṭim (m)	عصير صماطم
succo (m) d'arancia	ʿaṣīr burtuqāl (m)	عصير برتقال
spremuta (f)	ʿaṣīr ṭāziʒ (m)	عصير طازج

birra (f)	bīra (f)	بيرة
birra (f) chiara	bīra χafīfa (f)	بيرة خفيفة
birra (f) scura	bīra γāmiqa (f)	بيرة غامقة

tè (m)	ʃāy (m)	شاي
tè (m) nero	ʃāy aswad (m)	شاي أسود
tè (m) verde	ʃāy aχḍar (m)	شاي أخضر

54. Verdure

| ortaggi (m pl) | χuḍār (pl) | خضار |
| verdura (f) | χuḍrawāt waraqiyya (pl) | خضروات ورقيّة |

pomodoro (m)	ṭamāṭim (f)	طماطم
cetriolo (m)	χiyār (m)	خيار
carota (f)	ʒazar (m)	جزر
patata (f)	baṭāṭis (f)	بطاطس
cipolla (f)	baṣal (m)	بصل
aglio (m)	θūm (m)	ثوم

cavolo (m)	kurumb (m)	كرنب
cavolfiore (m)	qarnabīṭ (m)	قرنبيط
cavoletti (m pl) di Bruxelles	kurumb brūksil (m)	كرنب بروكسل
broccolo (m)	brukuli (m)	بركولي

barbabietola (f)	banʒar (m)	بنجر
melanzana (f)	bātinʒān (m)	باذنجان
zucchina (f)	kūsa (f)	كوسة
zucca (f)	qarʿ (m)	قرع
rapa (f)	lift (m)	لفت

prezzemolo (m)	baqdūnis (m)	بقدونس
aneto (m)	ſabat (m)	شبت
lattuga (f)	χass (m)	خسّ
sedano (m)	karafs (m)	كرفس
asparago (m)	halyūn (m)	هليون
spinaci (m pl)	sabāniχ (m)	سبانخ

pisello (m)	bisilla (f)	بسلّة
fave (f pl)	fūl (m)	فول
mais (m)	ðura (f)	ذرّة
fagiolo (m)	faṣūliya (f)	فاصوليا

peperone (m)	filfil (m)	فلفل
ravanello (m)	fiʒl (m)	فجل
carciofo (m)	χurʃūf (m)	خرشوف

55. Frutta. Noci

frutto (m)	fākiha (f)	فاكهة
mela (f)	tuffāḥa (f)	تفّاحة
pera (f)	kummaθra (f)	كمّثرى
limone (m)	laymūn (m)	ليمون
arancia (f)	burtuqāl (m)	برتقال
fragola (f)	farawla (f)	فراولة

mandarino (m)	yūsufiy (m)	يوسفي
prugna (f)	barqūq (m)	برقوق
pesca (f)	durrāq (m)	دراق
albicocca (f)	miʃmiʃ (f)	مشمش
lampone (m)	tūt al ʿullayq al aḥmar (m)	توت العُليق الأحمر
ananas (m)	ananās (m)	أناناس

banana (f)	mawz (m)	موز
anguria (f)	baṭṭīχ aḥmar (m)	بطّيخ أحمر
uva (f)	ʿinab (m)	عنب
amarena (f), ciliegia (f)	karaz (m)	كرز
melone (m)	baṭṭīχ aṣfar (f)	بطّيخ أصفر

pompelmo (m)	zinbāʿ (m)	زنباع
avocado (m)	avukādu (f)	افوكاتو
papaia (f)	babāya (m)	بابايا
mango (m)	mangu (m)	مانجو
melagrana (f)	rummān (m)	رمان

ribes (m) rosso	kiʃmiʃ aḥmar (m)	كشمش أحمر
ribes (m) nero	ʿinab aθ θaʿlab al aswad (m)	عنب الثعلب الأسود
uva (f) spina	ʿinab aθ θaʿlab (m)	عنب الثعلب
mirtillo (m)	ʿinab al aḥrāʒ (m)	عنب الأحراج
mora (f)	θamar al ʿullayk (m)	ثمر العليّق

uvetta (f)	zabīb (m)	زبيب
fico (m)	tīn (m)	تين
dattero (m)	tamr (m)	تمر
arachide (f)	fūl sudāniy (m)	فول سوداني
mandorla (f)	lawz (m)	لوز
noce (f)	ʿayn al ʒamal (f)	عين الجمل
nocciola (f)	bunduq (m)	بندق
noce (f) di cocco	ʒawz al hind (m)	جوز هند
pistacchi (m pl)	fustuq (m)	فستق

56. Pane. Dolci

pasticceria (f)	ḥalawiyyāt (pl)	حلويّات
pane (m)	χubz (m)	خبز
biscotti (m pl)	baskawīt (m)	بسكويت
cioccolato (m)	ʃukulāta (f)	شكولاتة
al cioccolato (agg)	biʃ ʃukulāta	بالشكولاتة
caramella (f)	bumbūn (m)	بونبون
tortina (f)	kaʿk (m)	كعك
torta (f)	tūrta (f)	تورتة
crostata (f)	faṭīra (f)	فطيرة
ripieno (m)	ḥaʃwa (f)	حشوة
marmellata (f)	murabba (m)	مربّى
marmellata (f) di agrumi	marmalād (f)	مرملاد
wafer (m)	wāfil (m)	وافل
gelato (m)	muθallaʒāt (pl)	مثلّجات
budino (m)	būding (m)	بودنج

57. Spezie

sale (m)	milḥ (m)	ملح
salato (agg)	māliḥ	مالح
salare (vt)	mallaḥ	ملّح
pepe (m) nero	filfil aswad (m)	فلفل أسود
peperoncino (m)	filfil aḥmar (m)	فلفل أحمر
senape (f)	ṣalṣat al χardal (f)	صلصة الخردل
cren (m)	fiʒl ḥārr (m)	فجل حارّ
condimento (m)	tābil (m)	تابل
spezie (f pl)	bahār (m)	بهار
salsa (f)	ṣalṣa (f)	صلصة
aceto (m)	χall (m)	خلّ
anice (m)	yānsūn (m)	يانسون

basilico (m)	rīḥān (m)	ريحان
chiodi (m pl) di garofano	qurumful (m)	قرنفل
zenzero (m)	zanʒabīl (m)	زنجبيل
coriandolo (m)	kuzbara (f)	كزبرة
cannella (f)	qirfa (f)	قرفة
sesamo (m)	simsim (m)	سمسم
alloro (m)	awrāq al ɣār (pl)	أوراق الغار
paprica (f)	babrika (f)	بابريكا
cumino (m)	karāwiya (f)	كراوية
zafferano (m)	za'farān (m)	زعفران

INFORMAZIONI
PERSONALI. FAMIGLIA

T&P Books Publishing

58. Informazioni personali. Moduli

nome (m)	ism (m)	إسم
cognome (m)	ism al 'ā'ila (m)	إسم العائلة
data (f) di nascita	tarīχ al mīlād (m)	تاريخ الميلاد
luogo (m) di nascita	makān al mīlād (m)	مكان الميلاد
nazionalità (f)	ʒinsiyya (f)	جنسية
domicilio (m)	maqarr al iqāma (m)	مقر الإقامة
paese (m)	balad (m)	بلد
professione (f)	mihna (f)	مهنة
sesso (m)	ʒins (m)	جنس
statura (f)	ṭūl (m)	طول
peso (m)	wazn (m)	وزن

59. Membri della famiglia. Parenti

madre (f)	umm (f)	أمّ
padre (m)	ab (m)	أب
figlio (m)	ibn (m)	إبن
figlia (f)	ibna (f)	إبنة
figlia (f) minore	al ibna aṣ ṣaɣīra (f)	الإبنة الصغيرة
figlio (m) minore	al ibn aṣ ṣaɣīr (m)	الابن الصغير
figlia (f) maggiore	al ibna al kabīra (f)	الإبنة الكبيرة
figlio (m) maggiore	al ibn al kabīr (m)	الإبن الكبير
fratello (m)	aχ (m)	أخ
fratello (m) maggiore	al aχ al kabīr (m)	الأخ الكبير
fratello (m) minore	al aχ aṣ ṣaɣīr (m)	الأخ الصغير
sorella (f)	uχt (f)	أخت
sorella (f) maggiore	al uχt al kabīra (f)	الأخت الكبيرة
sorella (f) minore	al uχt aṣ ṣaɣīra (f)	الأخت الصغيرة
cugino (m)	ibn 'amm (m), ibn χāl (m)	إبن عمّ, إبن خال
cugina (f)	ibnat 'amm (f), ibnat χāl (f)	إبنة عمّ, إبنة خال
mamma (f)	mama (f)	ماما
papà (m)	baba (m)	بابا
genitori (m pl)	wālidān (du)	والدان
bambino (m)	ṭifl (m)	طفل
bambini (m pl)	aṭfāl (pl)	أطفال
nonna (f)	ʒidda (f)	جدّة
nonno (m)	ʒadd (m)	جدّ

nipote (m) (figlio di un figlio)	ḥafīd (m)	حفيد
nipote (f)	ḥafīda (f)	حفيدة
nipoti (pl)	aḥfād (pl)	أحفاد
zio (m)	'amm (m), χāl (m)	عمّ، خال
zia (f)	'amma (f), χāla (f)	عمّة، خالة
nipote (m) (figlio di un fratello)	ibn al aχ (m), ibn al uχt (m)	إبن الأخ، إبن الأخت
nipote (f)	ibnat al aχ (f), ibnat al uχt (f)	إبنة الأخ، إبنة الأخت
suocera (f)	ḥamātt (f)	حماة
suocero (m)	ḥamm (m)	حم
genero (m)	zawʒ al ibna (m)	زوج الأبنة
matrigna (f)	zawʒat al ab (f)	زوجة الأب
patrigno (m)	zawʒ al umm (m)	زوج الأُم
neonato (m)	ṭifl raḍī' (m)	طفل رضيع
infante (m)	mawlūd (m)	مولود
bimbo (m), ragazzino (m)	walad ṣaɣīr (m)	ولد صغير
moglie (f)	zawʒa (f)	زوجة
marito (m)	zawʒ (m)	زوج
coniuge (m)	zawʒ (m)	زوج
coniuge (f)	zawʒa (f)	زوجة
sposato (agg)	mutazawwiʒ	متزوّج
sposata (agg)	mutazawwiʒa	متزوّجة
celibe (agg)	a'zab	أعزب
scapolo (m)	a'zab (m)	أعزب
divorziato (agg)	muṭallaq (m)	مطلق
vedova (f)	armala (f)	أرملة
vedovo (m)	armal (m)	أرمل
parente (m)	qarīb (m)	قريب
parente (m) stretto	nasīb qarīb (m)	نسيب قريب
parente (m) lontano	nasīb ba'īd (m)	نسيب بعيد
parenti (m pl)	aqārib (pl)	أقارب
orfano (m), orfana (f)	yatīm (m)	يتيم
tutore (m)	waliyy amr (m)	وليُّ أمر
adottare (~ un bambino)	tabanna	تبنّى
adottare (~ una bambina)	tabanna	تبنّى

60. Amici. Colleghi

amico (m)	ṣadīq (m)	صديق
amica (f)	ṣadīqa (f)	صديقة
amicizia (f)	ṣadāqa (f)	صداقة
essere amici	ṣādaq	صادق
amico (m) (inform.)	ṣāḥib (m)	صاحب
amica (f) (inform.)	ṣāḥiba (f)	صاحبة

partner (m)	rafīq (m)	رفيق
capo (m)	raˈīs (m)	رئيس
capo (m), superiore (m)	raˈīs (m)	رئيس
proprietario (m)	ṣāḥib (m)	صاحب
subordinato (m)	tābiˈ (m)	تابع
collega (m)	zamīl (m)	زميل
conoscente (m)	maˈruf (m)	معروف
compagno (m) di viaggio	rafīq safar (m)	رفيق سفر
compagno (m) di classe	zamīl fiṣ ṣaff (m)	زميل في الصفّ
vicino (m)	ʒār (m)	جار
vicina (f)	ʒāra (f)	جارة
vicini (m pl)	ʒirān (pl)	جيران

CORPO UMANO. MEDICINALI

T&P Books Publishing

61. Testa

Italiano	Traslitterazione	العربية
testa (f)	ra's (m)	رأس
viso (m)	waʒh (m)	وجه
naso (m)	anf (m)	أنف
bocca (f)	fam (m)	فم
occhio (m)	ʿayn (f)	عين
occhi (m pl)	ʿuyūn (pl)	عيون
pupilla (f)	ḥadaqa (f)	حدقة
sopracciglio (m)	ḥāʒib (m)	حاجب
ciglio (m)	rimʃ (m)	رمش
palpebra (f)	ʒafn (m)	جفن
lingua (f)	lisān (m)	لسان
dente (m)	sinn (f)	سن
labbra (f pl)	ʃifāh (pl)	شفاه
zigomi (m pl)	ʿiẓām waʒhiyya (pl)	عظام وجهية
gengiva (f)	liθθa (f)	لثة
palato (m)	ḥanak (m)	حنك
narici (f pl)	minxarān (du)	منخران
mento (m)	ðaqan (m)	ذقن
mascella (f)	fakk (m)	فك
guancia (f)	xadd (m)	خد
fronte (f)	ʒabha (f)	جبهة
tempia (f)	ṣudɣ (m)	صدغ
orecchio (m)	uðun (f)	أذن
nuca (f)	qafa (m)	قفا
collo (m)	raqaba (f)	رقبة
gola (f)	ḥalq (m)	حلق
capelli (m pl)	ʃaʿr (m)	شعر
pettinatura (f)	tasrīḥa (f)	تسريحة
taglio (m)	tasrīḥa (f)	تسريحة
parrucca (f)	barūka (f)	باروكة
baffi (m pl)	ʃawārib (pl)	شوارب
barba (f)	liḥya (f)	لحية
portare (~ la barba, ecc.)	ʿindahu	عنده
treccia (f)	ḍifīra (f)	ضفيرة
basette (f pl)	sawālif (pl)	سوالف
rosso (agg)	aḥmar aʃ ʃaʿr	أحمر الشعر
brizzolato (agg)	abyaḍ	أبيض

calvo (agg)	aṣlaʿ	أصلع
calvizie (f)	ṣalaʿ (m)	صلع
coda (f) di cavallo	ðayl ḥiṣān (m)	ذيل حصان
frangetta (f)	quṣṣa (f)	قصّة

62. Corpo umano

mano (f)	yad (m)	يد
braccio (m)	ðirāʿ (f)	ذراع
dito (m)	iṣbaʿ (m)	إصبع
dito (m) del piede	iṣbaʿ al qadam (m)	إصبع القدم
pollice (m)	ibhām (m)	إبهام
mignolo (m)	χunṣur (m)	خنصر
unghia (f)	ẓufr (m)	ظفر
pugno (m)	qabḍa (f)	قبضة
palmo (m)	kaff (f)	كفّ
polso (m)	miʿṣam (m)	معصم
avambraccio (m)	sāʿid (m)	ساعد
gomito (m)	mirfaq (m)	مرفق
spalla (f)	katf (f)	كتف
gamba (f)	riʒl (f)	رجل
pianta (f) del piede	qadam (f)	قدم
ginocchio (m)	rukba (f)	ركبة
polpaccio (m)	sammāna (f)	سمّانة
anca (f)	faχð (f)	فخذ
tallone (m)	ʿaqb (m)	عقب
corpo (m)	ʒism (m)	جسم
pancia (f)	baṭn (m)	بطن
petto (m)	ṣadr (m)	صدر
seno (m)	θady (m)	ثدي
fianco (m)	ʒamb (m)	جنب
schiena (f)	ẓahr (m)	ظهر
zona (f) lombare	asfal aẓ ẓahr (m)	أسفل الظهر
vita (f)	χaṣr (m)	خصر
ombelico (m)	surra (f)	سرّة
natiche (f pl)	ardāf (pl)	أرداف
sedere (m)	dubr (m)	دبر
neo (m)	ʃāma (f)	شامة
voglia (f) (~ di fragola)	waḥma	وحمة
tatuaggio (m)	waʃm (m)	وشم
cicatrice (f)	nadba (f)	ندبة

63. Malattie

malattia (f)	maraḍ (m)	مرض
essere malato	maraḍ	مرض
salute (f)	ṣiḥḥa (f)	صحّة
raffreddore (m)	zukām (m)	زكام
tonsillite (f)	iltihāb al lawzatayn (m)	التهاب اللوزتين
raffreddore (m)	bard (m)	برد
raffreddarsi (vr)	aṣābahu al bard	أصابه البرد
bronchite (f)	iltihāb al qaṣabāt (m)	إلتهاب القصبات
polmonite (f)	iltihāb ar ri'atayn (m)	إلتهاب الرئتين
influenza (f)	inflūnza (f)	إنفلونزا
miope (agg)	qaṣīr an naẓar	قصير النظر
presbite (agg)	ba'īd an naẓar	بعيد النظر
strabismo (m)	ḥawal (m)	حول
strabico (agg)	aḥwal	أحول
cateratta (f)	katarakt (f)	كاتاراكت
glaucoma (m)	glawkūma (f)	جلوكوما
ictus (m) cerebrale	sakta (f)	سكتة
attacco (m) di cuore	iḥtiǰā' (m)	إحتشاء
infarto (m) miocardico	nawba qalbiya (f)	نوبة قلبية
paralisi (f)	ʃalal (m)	شلل
paralizzare (vt)	ʃall	شلّ
allergia (f)	ḥassāsiyya (f)	حسّاسيّة
asma (f)	rabw (m)	ربو
diabete (m)	ad dā' as sukkariy (m)	الداء السكّريّ
mal (m) di denti	alam al asnān (m)	ألم الأسنان
carie (f)	naχar al asnān (m)	نخر الأسنان
diarrea (f)	ishāl (m)	إسهال
stitichezza (f)	imsāk (m)	إمساك
disturbo (m) gastrico	'usr al haḍm (m)	عسر الهضم
intossicazione (f) alimentare	tasammum (m)	تسمّم
intossicarsi (vr)	tasammam	تسمّم
artrite (f)	iltihāb al mafāṣil (m)	إلتهاب المفاصل
rachitide (f)	kusāḥ al aṭfāl (m)	كساح الأطفال
reumatismo (m)	riumatizm (m)	روماتزم
aterosclerosi (f)	taṣṣallub aʃ ʃarayīn (m)	تصلّب الشرايين
gastrite (f)	iltihāb al ma'ida (m)	إلتهاب المعدة
appendicite (f)	iltihāb az zā'ida ad dūdiyya (m)	إلتهاب الزائدة الدوديّة
colecistite (f)	iltihāb al marāra (m)	إلتهاب المرارة

ulcera (f)	qurḥa (f)	قرحة
morbillo (m)	maraḍ al ḥaṣba (m)	مرض احصبة
rosolia (f)	ḥaṣba almāniyya (f)	حصبة ألمانية
itterizia (f)	yaraqān (m)	يرقان
epatite (f)	iltihāb al kabd al vayrūsiy (m)	إلتهاب الكبد الفيروسيّ

schizofrenia (f)	ʃizufrīniya (f)	شيزوفرينيا
rabbia (f)	dā' al kalb (m)	داء الكلب
nevrosi (f)	'iṣāb (m)	عصاب
commozione (f) cerebrale	irtiʒāʒ al muχχ (m)	إرتجاج المخ

cancro (m)	saraṭān (m)	سرطان
sclerosi (f)	taṣṣallub (m)	تصلب
sclerosi (f) multipla	taṣṣallub muta'addid (m)	تصلب متعدد

alcolismo (m)	idmān al χamr (m)	إدمان الخمر
alcolizzato (m)	mudmin al χamr (m)	مدمن الخمر
sifilide (f)	sifilis az zuhariy (m)	سفلس الزهري
AIDS (m)	al aydz (m)	الايدز

tumore (m)	waram (m)	ورم
maligno (agg)	χabīθ	خبيث
benigno (agg)	ḥamīd (m)	حميد

febbre (f)	ḥumma (f)	حمّى
malaria (f)	malāriya (f)	ملاريا
cancrena (f)	ɣanɣrīna (f)	غنفرينا
mal (m) di mare	duwār al baḥr (m)	دوار البحر
epilessia (f)	maraḍ aṣ ṣar' (m)	مرض الصرع

epidemia (f)	wabā' (m)	وباء
tifo (m)	tīfus (m)	تيفوس
tubercolosi (f)	maraḍ as sull (m)	مرض السلّ
colera (m)	kulīra (f)	كوليرا
peste (f)	ṭā'ūn (m)	طاعون

64. Sintomi. Cure. Parte 1

sintomo (m)	'araḍ (m)	عرض
temperatura (f)	ḥarāra (f)	حرارة
febbre (f) alta	ḥumma (f)	حمّى
polso (m)	nabḍ (m)	نبض

capogiro (m)	dawχa (f)	دوخة
caldo (agg)	ḥārr	حارّ
brivido (m)	nafaḍān (m)	نفضان
pallido (un viso ~)	aṣfar	أصفر
tosse (f)	su'āl (m)	سعال
tossire (vi)	sa'al	سعل

starnutire (vi)	ʻaṭas	عطس
svenimento (m)	iɣmā' (m)	إغماء
svenire (vi)	ɣumiya ʻalayh	غمي عليه
livido (m)	kadma (f)	كدمة
bernoccolo (m)	tawarrum (m)	تورّم
farsi un livido	iṣṭadam	إصطدم
contusione (f)	raḍḍ (m)	رضّ
farsi male	taraḍḍaḍ	ترضّض
zoppicare (vi)	ʻaraʒ	عرج
slogatura (f)	ҳalʻ (m)	خلع
slogarsi (vr)	ҳalaʻ	خلع
frattura (f)	kasr (m)	كسر
fratturarsi (vr)	inkasar	إنكسر
taglio (m)	ʒurḥ (m)	جرح
tagliarsi (vr)	ʒaraḥ nafsah	جرح نفسه
emorragia (f)	nazf (m)	نزف
scottatura (f)	ḥarq (m)	حرق
scottarsi (vr)	taʃayyat	تشيّط
pungere (vt)	waҳaz	وخز
pungersi (vr)	waҳaz nafsah	وخز نفسه
ferire (vt)	aṣāb	أصاب
ferita (f)	iṣāba (f)	إصابة
lesione (f)	ʒurḥ (m)	جرح
trauma (m)	ṣadma (f)	صدمة
delirare (vi)	haða	هذى
tartagliare (vi)	talaʻsam	تلعثم
colpo (m) di sole	ḍarbat ʃams (f)	ضربة شمس

65. Sintomi. Cure. Parte 2

dolore (m), male (m)	alam (m)	ألم
scheggia (f)	ʃaẓiyya (f)	شظيّة
sudore (m)	ʻirq (m)	عرق
sudare (vi)	ʻariq	عرق
vomito (m)	taqayyuʻ (m)	تقيّؤ
convulsioni (f pl)	taʃannuʒāt (pl)	تشنّجات
incinta (agg)	ḥāmil	حامل
nascere (vi)	wulid	وُلد
parto (m)	wilāda (f)	ولادة
essere in travaglio di parto	walad	ولد
aborto (m)	iʒhāḍ (m)	إجهاض
respirazione (f)	tanaffus (m)	تنفّس

inspirazione (f)	istinʃāq (m)	إستنشاق
espirazione (f)	zafīr (m)	زفير
espirare (vi)	zafar	زفر
inspirare (vi)	istanʃaq	إستنشق
invalido (m)	muʻāq (m)	معاق
storpio (m)	muqʻad (m)	مقعد
drogato (m)	mudmin muxaddirāt (m)	مدمن مخدّرات
sordo (agg)	aṭraʃ	أطرش
muto (agg)	axras	أخرس
sordomuto (agg)	aṭraʃ axras	أطرش أخرس
matto (agg)	maʒnūn (m)	مجنون
matto (m)	maʒnūn (m)	مجنون
matta (f)	maʒnūna (f)	مجنونة
impazzire (vi)	ʒunn	جُنّ
gene (m)	ʒīn (m)	جين
immunità (f)	manāʻa (f)	مناعة
ereditario (agg)	wirāθiy	وراثيّ
innato (agg)	xilqiy munð al wilāda	خلقيّ منذ الولادة
virus (m)	virūs (m)	فيروس
microbo (m)	mikrūb (m)	ميكروب
batterio (m)	ʒurθūma (f)	جرثومة
infezione (f)	ʻadwa (f)	عدوى

66. Sintomi. Cure. Parte 3

ospedale (m)	mustaʃfa (m)	مستشفى
paziente (m)	marīḍ (m)	مريض
diagnosi (f)	taʃxīṣ (m)	تشخيص
cura (f)	ʻilāʒ (m)	علاج
trattamento (m)	ʻilāʒ (m)	علاج
curarsi (vr)	taʻālaʒ	تعالج
curare (vt)	ʻālaʒ	عالج
accudire (un malato)	marraḍ	مرّض
assistenza (f)	ʻināya (f)	عناية
operazione (f)	ʻamaliyya ʒaraḥiyya (f)	عمليّة جرحيّة
bendare (vt)	ḍammad	ضمّد
fasciatura (f)	taḍmīd (m)	تضميد
vaccinazione (f)	talqīḥ (m)	تلقيح
vaccinare (vt)	laqqaḥ	لقّح
iniezione (f)	ḥuqna (f)	حقنة
fare una puntura	ḥaqan ibra	حقن إبرة
attacco (m) (~ epilettico)	nawba (f)	نوبة

amputazione (f)	batr (m)	بتر
amputare (vt)	batar	بتر
coma (m)	ɣaybūba (f)	غيبوبة
essere in coma	kān fi ḥālat ɣaybūba	كان في حالة غيبوبة
rianimazione (f)	al 'ināya al murakkaza (f)	العناية المركّزة
guarire (vi)	ʃufiy	شفي
stato (f) (del paziente)	ḥāla (f)	حالة
conoscenza (f)	wa'y (m)	وعي
memoria (f)	ðākira (f)	ذاكرة
estrarre (~ un dente)	χala'	خلع
otturazione (f)	haʃw (m)	حشو
otturare (vt)	haʃa	حشا
ipnosi (f)	at tanwīm al maɣnaṭīsiy (m)	التنويم المغناطيسيّ
ipnotizzare (vt)	nawwam	نوّم

67. Medicinali. Farmaci. Accessori

medicina (f)	dawā' (m)	دواء
rimedio (m)	'ilāʒ (m)	علاج
prescrivere (vt)	waṣaf	وصف
prescrizione (f)	waṣfa (f)	وصفة
compressa (f)	qurṣ (m)	قرص
unguento (m)	marham (m)	مرهم
fiala (f)	ambūla (f)	أمبولة
pozione (f)	dawā' ʃarāb (m)	دواء شراب
sciroppo (m)	ʃarāb (m)	شراب
pillola (f)	ḥabba (f)	حبّة
polverina (f)	ðarūr (m)	ذرور
benda (f)	ḍammāda (f)	ضمادة
ovatta (f)	quṭn (m)	قطن
iodio (m)	yūd (m)	يود
cerotto (m)	blāstir (m)	بلاستر
contagocce (m)	māṣṣat al bastara (f)	ماصّة البسترة
termometro (m)	tirmūmitr (m)	ترمومتر
siringa (f)	miḥqana (f)	محقنة
sedia (f) a rotelle	kursiy mutaḥarrik (m)	كرسي متحرّك
stampelle (f pl)	'ukkāzān (du)	عكّازان
analgesico (m)	musakkin (m)	مسكّن
lassativo (m)	mulayyin (m)	مليّن
alcol (m)	iθanūl (m)	إيثانول
erba (f) officinale	a'ʃāb ṭibbiyya (pl)	أعشاب طبية
d'erbe (infuso ~)	'uʃbiy	عشبيّ

APPARTAMENTO

T&P Books Publishing

68. Appartamento

Italiano	Traslitterazione	العربية
appartamento (m)	ʃaqqa (f)	شقّة
camera (f), stanza (f)	ɣurfa (f)	غرفة
camera (f) da letto	ɣurfat an nawm (f)	غرفة النوم
sala (f) da pranzo	ɣurfat il akl (f)	غرفة الأكل
salotto (m)	ṣālat al istiqbāl (f)	صالة الإستقبال
studio (m)	maktab (m)	مكتب
ingresso (m)	madχal (m)	مدخل
bagno (m)	ḥammām (m)	حمّام
gabinetto (m)	ḥammām (m)	حمّام
soffitto (m)	saqf (m)	سقف
pavimento (m)	arḍ (f)	أرض
angolo (m)	zāwiya (f)	زاوية

69. Arredamento. Interno

Italiano	Traslitterazione	العربية
mobili (m pl)	aθāθ (m)	أثاث
tavolo (m)	maktab (m)	مكتب
sedia (f)	kursiy (m)	كرسيّ
letto (m)	sarīr (m)	سرير
divano (m)	kanaba (f)	كنبة
poltrona (f)	kursiy (m)	كرسيّ
libreria (f)	χizānat kutub (f)	خزانة كتب
ripiano (m)	raff (m)	رفّ
armadio (m)	dūlāb (m)	دولاب
attaccapanni (m) da parete	ʃammā'a (f)	شمّاعة
appendiabiti (m) da terra	ʃammā'a (f)	شمّاعة
comò (m)	dulāb adrāʒ (m)	دولاب أدراج
tavolino (m) da salotto	ṭāwilat al qahwa (f)	طاولة القهوة
specchio (m)	mir'āt (f)	مرآة
tappeto (m)	siʒāda (f)	سجادة
tappetino (m)	siʒāda (f)	سجادة
camino (m)	midfa'a ḥā'iṭiyya (f)	مدفأة حائطيّة
candela (f)	ʃam'a (f)	شمعة
candeliere (m)	ʃam'adān (m)	شمعدان
tende (f pl)	satā'ir (pl)	ستائر

carta (f) da parati	waraq ḥīṭān (m)	ورق حيطان
tende (f pl) alla veneziana	haṣīrat ʃubbāk (f)	حصيرة شبّاك
lampada (f) da tavolo	miṣbāḥ aṭ ṭāwila (m)	مصباح الطاولة
lampada (f) da parete	miṣbāḥ al ḥāʾiṭ (f)	مصباح الحائط
lampada (f) a stelo	miṣbāḥ arḍiy (m)	مصباح أرضيّ
lampadario (m)	naʒafa (f)	نجفة
gamba (f)	riʒl (f)	رجل
bracciolo (m)	masnad (m)	مسند
spalliera (f)	masnad (m)	مسند
cassetto (m)	durʒ (m)	درج

70. Biancheria da letto

biancheria (f) da letto	bayāḍāt as sarīr (pl)	بياضات السرير
cuscino (m)	wisāda (f)	وسادة
federa (f)	kīs al wisāda (m)	كيس الوسادة
coperta (f)	baṭṭāniyya (f)	بطّانيّة
lenzuolo (m)	milāya (f)	ملاية
copriletto (m)	ɣiṭāʾ as sarīr (m)	غطاء السرير

71. Cucina

cucina (f)	maṭbaχ (m)	مطبخ
gas (m)	ɣāz (m)	غاز
fornello (m) a gas	butuɣāz (m)	بوتوغاز
fornello (m) elettrico	furn kaharabāʾiy (m)	فرن كهربائيّ
forno (m)	furn (m)	فرن
forno (m) a microonde	furn al mikruwayv (m)	فرن الميكروويف
frigorifero (m)	θallāʒa (f)	ثلاجة
congelatore (m)	frīzir (m)	فريزير
lavastoviglie (f)	ɣassāla (f)	غسّالة
tritacarne (m)	farrāmat laḥm (f)	فرّامة لحم
spremifrutta (m)	ʿaṣṣāra (f)	عصّارة
tostapane (m)	maḥmaṣat χubz (f)	محمصة خبز
mixer (m)	χallāṭ (m)	خلّاط
macchina (f) da caffè	mākinat ṣanʿ al qahwa (f)	ماكينة صنع القهوة
caffettiera (f)	kanaka (f)	كنكة
macinacaffè (m)	maṭhanat qahwa (f)	مطحنة قهوة
bollitore (m)	barrād (m)	برّاد
teiera (f)	barrād aʃ ʃāy (m)	برّاد الشاي
coperchio (m)	ɣiṭāʾ (m)	غطاء
colino (m) da tè	miṣfāt (f)	مصفاة

cucchiaio (m)	mil'aqa (f)	ملعقة
cucchiaino (m) da tè	mil'aqat ʃāy (f)	ملعقة شاي
cucchiaio (m)	mil'aqa kabīra (f)	ملعقة كبيرة
forchetta (f)	ʃawka (f)	شوكة
coltello (m)	sikkīn (m)	سكّين

stoviglie (f pl)	ṣuḥūn (pl)	صحون
piatto (m)	ṭabaq (m)	طبق
piattino (m)	ṭabaq finʒān (m)	طبق فنجان

cicchetto (m)	ka's (f)	كأس
bicchiere (m) (~ d'acqua)	kubbāya (f)	كبّاية
tazzina (f)	finʒān (m)	فنجان

zuccheriera (f)	sukkariyya (f)	سكّريّة
saliera (f)	mamlaḥa (f)	مملحة
pepiera (f)	mabhara (f)	مبهرة
burriera (f)	ṣuḥn zubda (m)	صحن زبدة

pentola (f)	kassirūlla (f)	كاسرولة
padella (f)	ṭāsa (f)	طاسة
mestolo (m)	miɣrafa (f)	مغرفة
colapasta (m)	miṣfāt (f)	مصفاة
vassoio (m)	ṣīniyya (f)	صينيّة

bottiglia (f)	zuʒāʒa (f)	زجاجة
barattolo (m) di vetro	barṭamān (m)	برطمان
latta, lattina (f)	tanaka (f)	تنكة

apribottiglie (m)	fattāḥa (f)	فتّاحة
apriscatole (m)	fattāḥa (f)	فتّاحة
cavatappi (m)	barrīma (f)	بريّمة
filtro (m)	filtir (m)	فلتر
filtrare (vt)	ṣaffa	صفّى

| spazzatura (f) | zubāla (f) | زبالة |
| pattumiera (f) | ṣundūq az zubāla (m) | صندوق الزبالة |

72. Bagno

bagno (m)	ḥammām (m)	حمّام
acqua (f)	mā' (m)	ماء
rubinetto (m)	ḥanafiyya (f)	حنفيّة
acqua (f) calda	mā' sāχin (m)	ماء ساخن
acqua (f) fredda	mā' bārid (m)	ماء بارد

dentifricio (m)	ma'ʒūn asnān (m)	معجون أسنان
lavarsi i denti	naẓẓaf al asnān	نظّف الأسنان
spazzolino (m) da denti	furʃat asnān (f)	فرشة أسنان
rasarsi (vr)	ḥalaq	حلق

schiuma (f) da barba	raɣwa lil ḥilāqa (f)	رغوة للحلاقة
rasoio (m)	mūs ḥilāqa (m)	موس حلاقة
lavare (vt)	ɣasal	غسل
fare un bagno	istaḥamm	إستحمَ
doccia (f)	dūʃ (m)	دوش
fare una doccia	aχað ad duʃ	أخذ الدش
vasca (f) da bagno	ḥawḍ istiḥmām (m)	حوض استحمام
water (m)	mirḥāḍ (m)	مرحاض
lavandino (m)	ḥawḍ (m)	حوض
sapone (m)	ṣābūn (m)	صابون
porta (m) sapone	ṣabbāna (f)	صبّانة
spugna (f)	līfa (f)	ليفة
shampoo (m)	ʃāmbū (m)	شامبو
asciugamano (m)	fūṭa (f)	فوطة
accappatoio (m)	θawb ḥammām (m)	ثوب حمّام
bucato (m)	ɣasīl (m)	غسيل
lavatrice (f)	ɣassāla (f)	غسّالة
fare il bucato	ɣasal al malābis	غسل الملابس
detersivo (m) per il bucato	mashūq ɣasīl (m)	مسحوق غسيل

73. Elettrodomestici

televisore (m)	tilivizyūn (m)	تليفزيون
registratore (m) a nastro	ʒihāz tasʒīl (m)	جهاز تسجيل
videoregistratore (m)	ʒihāz tasʒīl vidiyu (m)	جهاز تسجيل فيديو
radio (f)	ʒihāz radiyu (m)	جهاز راديو
lettore (m)	blayir (m)	بليير
videoproiettore (m)	'āriḍ vidiyu (m)	عارض فيديو
home cinema (m)	sinima manziliyya (f)	سينما منزليّة
lettore (m) DVD	di vi di (m)	دي في دي
amplificatore (m)	mukabbir aṣ ṣawt (m)	مكبّر الصوت
console (f) video giochi	'atāri (m)	أتاري
videocamera (f)	kamira vidiyu (f)	كاميرا فيديو
macchina (f) fotografica	kamira (f)	كاميرا
fotocamera (f) digitale	kamira diʒital (f)	كاميرا ديجيتال
aspirapolvere (m)	miknasa kahrabā'iyya (f)	مكنسة كهربائيّة
ferro (m) da stiro	makwāt (f)	مكواة
asse (f) da stiro	lawḥat kayy (f)	لوحة كيّ
telefono (m)	hātif (m)	هاتف
telefonino (m)	hātif maḥmūl (m)	هاتف محمول
macchina (f) da scrivere	'āla katiba (f)	آلة كاتبة

macchina (f) da cucire	'ālat al ḵiyāṭa (f)	آلة الخياطة
microfono (m)	mikrufūn (m)	ميكروفون
cuffia (f)	sammā'āt ra'siya (pl)	سمّاعات رأسيّة
telecomando (m)	rimuwt kuntrūl (m)	ريموت كنترول

CD (m)	si di (m)	سي دي
cassetta (f)	ʃarīṭ (m)	شريط
disco (m) (vinile)	usṭuwāna (f)	أسطوانة

LA TERRA. TEMPO

T&P Books Publishing

cosmo (m)	faḍā' (m)	فضاء
cosmico, spaziale (agg)	faḍā'iy	فضائيّ
spazio (m) cosmico	faḍā' (m)	فضاء
mondo (m)	'ālam (m)	عالم
universo (m)	al kawn (m)	الكون
galassia (f)	al maʒarra (f)	المجرّة
stella (f)	naʒm (m)	نجم
costellazione (f)	burʒ (m)	برج
pianeta (m)	kawkab (m)	كوكب
satellite (m)	qamar ṣinā'iy (m)	قمر صناعيّ
meteorite (m)	haʒar nayzakiy (m)	حجر نيزكيّ
cometa (f)	muðannab (m)	مذنّب
asteroide (m)	kuwaykib (m)	كويكب
orbita (f)	madār (m)	مدار
ruotare (vi)	dār	دار
atmosfera (f)	al ɣilāf al ʒawwiy (m)	الغلاف الجوّيّ
il Sole	aʃ ʃams (f)	الشمس
sistema (m) solare	al maʒmū'a aʃ ʃamsiyya (f)	المجموعة الشمسيّة
eclisse (f) solare	kusūf aʃ ʃams (m)	كسوف الشمس
la Terra	al arḍ (f)	الأرض
la Luna	al qamar (m)	القمر
Marte (m)	al mirrīχ (m)	المرّيخ
Venere (f)	az zahra (f)	الزهرة
Giove (m)	al muʃtari (m)	المشتري
Saturno (m)	zuḥal (m)	زحل
Mercurio (m)	'aṭārid (m)	عطارد
Urano (m)	urānus (m)	أورانوس
Nettuno (m)	nibtūn (m)	نبتون
Plutone (m)	blūtu (m)	بلوتو
Via (f) Lattea	darb at tabbāna (m)	درب التبّانة
Orsa (f) Maggiore	ad dubb al akbar (m)	الدبّ الأكبر
Stella (f) Polare	naʒm al 'quṭb (m)	نجم القطب
marziano (m)	sākin al mirrīχ (m)	ساكن المرّيخ
extraterrestre (m)	faḍā'iy (m)	فضائيّ
alieno (m)	faḍā'iy (m)	فضائيّ

disco (m) volante	ṭabaq ṭā'ir (m)	طبق طائر
nave (f) spaziale	markaba faḍā'iyya (f)	مركبة فضائية
stazione (f) spaziale	maḥaṭṭat faḍā' (f)	محطة فضاء
lancio (m)	inṭilāq (m)	إنطلاق

motore (m)	mutūr (m)	موتور
ugello (m)	manfaθ (m)	منفث
combustibile (m)	wuqūd (m)	وقود

cabina (f) di pilotaggio	kabīna (f)	كابينة
antenna (f)	hawā'iy (m)	هوائي
oblò (m)	kuwwa mustadīra (f)	كوة مستديرة
batteria (f) solare	lawḥ ʃamsiy (m)	لوح شمسي
scafandro (m)	baðlat al faḍā' (f)	بذلة الفضاء

| imponderabilità (f) | in'idām al wazn (m) | إنعدام الوزن |
| ossigeno (m) | uksiʒīn (m) | أكسجين |

| aggancio (m) | rasw (m) | رسو |
| agganciarsi (vr) | rasa | رسا |

osservatorio (m)	marṣad (m)	مرصد
telescopio (m)	tiliskūp (m)	تلسكوب
osservare (vt)	rāqab	راقب
esplorare (vt)	istakʃaf	إستكشف

75. La Terra

la Terra	al arḍ (f)	الأرض
globo (m) terrestre	al kura al arḍiyya (f)	الكرة الأرضية
pianeta (m)	kawkab (m)	كوكب

atmosfera (f)	al ɣilāf al ʒawwiy (m)	الغلاف الجوي
geografia (f)	ʒuɣrāfiya (f)	جغرافيا
natura (f)	ṭabī'a (f)	طبيعة
mappamondo (m)	namūðaʒ lil kura al arḍiyya (m)	نموذج للكرة الأرضية

| carta (f) geografica | xarīṭa (f) | خريطة |
| atlante (m) | aṭlas (m) | أطلس |

Europa (f)	urūbba (f)	أوروبا
Asia (f)	'āsiya (f)	آسيا
Africa (f)	afrīqiya (f)	أفريقيا
Australia (f)	usturāliya (f)	أستراليا

America (f)	amrīka (f)	أمريكا
America (f) del Nord	amrīka aʃ ʃimāliyya (f)	أمريكا الشمالية
America (f) del Sud	amrīka al ʒanūbiyya (f)	أمريكا الجنوبية
Antartide (f)	al quṭb al ʒanūbiy (m)	القطب الجنوبي
Artico (m)	al quṭb aʃ ʃimāliy (m)	القطب الشمالي

76. Punti cardinali

nord (m)	ʃimāl (m)	شمال
a nord	ilaʃ ʃimāl	إلى الشمال
al nord	fiʃ ʃimāl	في الشمال
del nord (agg)	ʃimāliy	شماليّ
sud (m)	ӡanūb (m)	جنوب
a sud	ilal ӡanūb	إلى الجنوب
al sud	fil ӡanūb	في الجنوب
del sud (agg)	ӡanūbiy	جنوبيّ
ovest (m)	ɣarb (m)	غرب
a ovest	ilal ɣarb	إلى الغرب
all'ovest	fil ɣarb	في الغرب
dell'ovest, occidentale	ɣarbiy	غربيّ
est (m)	ʃarq (m)	شرق
a est	ilaʃ ʃarq	إلى الشرق
all'est	fiʃ ʃarq	في الشرق
dell'est, orientale	ʃarqiy	شرقيّ

77. Mare. Oceano

mare (m)	baḥr (m)	بحر
oceano (m)	muḥīṭ (m)	محيط
golfo (m)	χalīӡ (m)	خليج
stretto (m)	maḍīq (m)	مضيق
terra (f) (terra firma)	barr (m)	برّ
continente (m)	qārra (f)	قارّة
isola (f)	ӡazīra (f)	جزيرة
penisola (f)	ʃibh ӡazīra (f)	شبه جزيرة
arcipelago (m)	maӡmūʿat ӡuzur (f)	مجموعة جزر
baia (f)	χalīӡ (m)	خليج
porto (m)	mīnāʾ (m)	ميناء
laguna (f)	buḥayra ʃāṭiʾa (f)	بحيرة شاطئة
capo (m)	raʾs (m)	رأس
atollo (m)	ӡazīra marӡāniyya istiwāʾiyya (f)	جزيرة مرجانيّة إستوائيّة
scogliera (f)	ʃiʿāb (pl)	شعاب
corallo (m)	murӡān (m)	مرجان
barriera (f) corallina	ʃiʿāb marӡāniyya (pl)	شعاب مرجانيّة
profondo (agg)	ʿamīq	عميق
profondità (f)	ʿumq (m)	عمق
abisso (m)	mahwāt (f)	مهواة

fossa (f) (~ delle Marianne)	χandaq (m)	خندق
corrente (f)	tayyār (m)	تيّار
circondare (vt)	aḥāṭ	أحاط
litorale (m)	sāḥil (m)	ساحل
costa (f)	sāḥil (m)	ساحل
alta marea (f)	madd (m)	مدّ
bassa marea (f)	ʒazr (m)	جزر
banco (m) di sabbia	miyāh ḍaḥla (f)	مياه ضحلة
fondo (m)	qāʻ (m)	قاع
onda (f)	mawʒa (f)	موجة
cresta (f) dell'onda	qimmat mawʒa (f)	قمّة موجة
schiuma (f)	zabad al baḥr (m)	زبد البحر
tempesta (f)	ʻāṣifa (f)	عاصفة
uragano (m)	iʻṣār (m)	إعصار
tsunami (m)	tsunāmi (m)	تسونامي
bonaccia (f)	hudūʼ (m)	هدوء
tranquillo (agg)	hādiʼ	هادئ
polo (m)	quṭb (m)	قطب
polare (agg)	quṭby	قطبيّ
latitudine (f)	ʻarḍ (m)	عرض
longitudine (f)	ṭūl (m)	طول
parallelo (m)	mutawāzi (m)	متواز
equatore (m)	χaṭṭ al istiwāʼ (m)	خط الإستواء
cielo (m)	samāʼ (f)	سماء
orizzonte (m)	ufuq (m)	أفق
aria (f)	hawāʼ (m)	هواء
faro (m)	manāra (f)	منارة
tuffarsi (vr)	ɣāṣ	غاص
affondare (andare a fondo)	ɣariq	غرق
tesori (m)	kunūz (pl)	كنوز

78. Nomi dei mari e degli oceani

Oceano (m) Atlantico	al muḥīṭ al aṭlasiy (m)	المحيط الأطلسيّ
Oceano (m) Indiano	al muḥīṭ al hindiy (m)	المحيط الهنديّ
Oceano (m) Pacifico	al muḥīṭ al hādiʼ (m)	المحيط الهادئ
mar (m) Glaciale Artico	al muḥīṭ il mutaʒammid aʃ ʃimāliy (m)	المحيط المتجمّد الشماليّ
mar (m) Nero	al baḥr al aswad (m)	البحر الأسود
mar (m) Rosso	al baḥr al aḥmar (m)	البحر الأحمر
mar (m) Giallo	al baḥr al aṣfar (m)	البحر الأصفر

mar (m) Bianco	al baḥr al abyaḍ (m)	البحر الأبيض
mar (m) Caspio	baḥr qazwīn (m)	بحر قزوين
mar (m) Morto	al baḥr al mayyit (m)	البحر الميت
mar (m) Mediterraneo	al baḥr al abyaḍ al mutawassiṭ (m)	البحر الأبيض المتوسّط
mar (m) Egeo	baḥr 'īʒah (m)	بحر إيجة
mar (m) Adriatico	al baḥr al adriyatīkiy (m)	البحر الأدرياتيكيّ
mar (m) Arabico	baḥr al ʿarab (m)	بحر العرب
mar (m) del Giappone	baḥr al yabān (m)	بحر اليابان
mare (m) di Bering	baḥr birinʒ (m)	بحر بيرينغ
mar (m) Cinese meridionale	baḥr aṣ ṣīn al ʒanūbiy (m)	بحر الصين الجنوبيّ
mar (m) dei Coralli	baḥr al marʒān (m)	بحر المرجان
mar (m) di Tasman	baḥr tasmān (m)	بحر تسمان
mar (m) dei Caraibi	al baḥr al karībiy (m)	البحر الكاريبيّ
mare (m) di Barents	baḥr barints (m)	بحر بارينس
mare (m) di Kara	baḥr kara (m)	بحر كارا
mare (m) del Nord	baḥr aʃ ʃimāl (m)	بحر الشمال
mar (m) Baltico	al baḥr al balṭīq (m)	البحر البلطيق
mare (m) di Norvegia	baḥr an narwīʒ (m)	بحر النرويج

79. Montagne

monte (m), montagna (f)	ʒabal (m)	جبل
catena (f) montuosa	silsilat ʒibāl (f)	سلسلة جبال
crinale (m)	qimam ʒabaliyya (pl)	قمم جبليّة
cima (f)	qimma (f)	قمّة
picco (m)	qimma (f)	قمة
piedi (m pl)	asfal (m)	أسفل
pendio (m)	munḥadar (m)	منحدر
vulcano (m)	burkān (m)	بركان
vulcano (m) attivo	burkān naʃiṭ (m)	بركان نشط
vulcano (m) inattivo	burkān xāmid (m)	بركان خامد
eruzione (f)	θawrān (m)	ثوران
cratere (m)	fūhat al burkān (f)	فوهة البركان
magma (m)	māɣma (f)	ماغما
lava (f)	ḥumam burkāniyya (pl)	حمم بركانيّة
fuso (lava ~a)	munṣahira	منصهرة
canyon (m)	talʿa (m)	تلعة
gola (f)	wādi ḍayyiq (m)	واد ضيّق
crepaccio (m)	ʃaqq (m)	شقّ
precipizio (m)	hāwiya (f)	هاوية

passo (m), valico (m)	mamarr ӡabaliy (m)	ممرّ جبليّ
altopiano (m)	haḍba (f)	هضبة
falesia (f)	ӡurf (m)	جرف
collina (f)	tall (m)	تلّ

ghiacciaio (m)	nahr ӡalīdiy (m)	نهر جليديّ
cascata (f)	ʃallāl (m)	شلّال
geyser (m)	fawwāra ḥārra (m)	فوّارة حارّة
lago (m)	buḥayra (f)	بحيرة

pianura (f)	sahl (m)	سهل
paesaggio (m)	manẓar ṭabīʿiy (m)	منظر طبيعيّ
eco (f)	ṣada (m)	صدى

alpinista (m)	mutasalliq al ӡibāl (m)	متسلّق الجبال
scalatore (m)	mutasalliq ṣuxūr (m)	متسلّق صخور
conquistare (~ una cima)	taɣallab ʿala	تغلب على
scalata (f)	tasalluq (m)	تسلّق

80. Nomi delle montagne

Alpi (f pl)	ӡibāl al alb (pl)	جبال الألب
Monte (m) Bianco	mūn blūn (m)	مون بلون
Pirenei (m pl)	ӡibāl al barānis (pl)	جبال البرانس

Carpazi (m pl)	ӡibāl al karbāt (pl)	جبال الكاربات
gli Urali (m pl)	ӡibāl al ʾūrāl (pl)	جبال الأورال
Caucaso (m)	ӡibāl al qawqāz (pl)	جبال القوقاز
Monte (m) Elbrus	ӡabal ilbrūs (m)	جبل إلبروس

Monti (m pl) Altai	ӡibāl altāy (pl)	جبال ألتاي
Tien Shan (m)	ӡibāl tian ʃan (pl)	جبال تيان شان
Pamir (m)	ӡibāl bamīr (pl)	جبال بامير
Himalaia (m)	himalāya (pl)	هيمالايا
Everest (m)	ӡabal ivirist (m)	جبل افرست

Ande (f pl)	ӡibāl al andīz (pl)	جبال الانديز
Kilimangiaro (m)	ӡabal kilimanӡāru (m)	جبل كليمنجارو

81. Fiumi

fiume (m)	nahr (m)	نهر
fonte (f) (sorgente)	ʿayn (m)	عين
letto (m) (~ del fiume)	maӡra an nahr (m)	مجرى النهر
bacino (m)	ḥawḍ (m)	حوض
sfociare nel ...	ṣabb fi ...	صبّ في...
affluente (m)	rāfid (m)	رافد
riva (f)	ḍiffa (f)	ضفّة

corrente (f)	tayyār (m)	تيّار
a valle	f ittiʒāh maʒra an nahr	في إتجاه مجرى النهر
a monte	ḍidd at tayyār	ضد التيّار
inondazione (f)	ɣamr (m)	غمر
piena (f)	fayaḍān (m)	فيضان
straripare (vi)	fāḍ	فاض
inondare (vt)	ɣamar	غمر
secca (f)	miyāh ḍaḥla (f)	مياه ضحلة
rapida (f)	munḥadar an nahr (m)	منحدر النهر
diga (f)	sadd (m)	سدّ
canale (m)	qanāt (f)	قناة
bacino (m) di riserva	χazzān māʼiy (m)	خزّان مائيّ
chiusa (f)	hawīs (m)	هويس
specchio (m) d'acqua	masṭaḥ māʼiy (m)	مسطح مائيّ
palude (f)	mustanqaʻ (m)	مستنقع
pantano (m)	mustanqaʻ (m)	مستنقع
vortice (m)	dawwāma (f)	دوّامة
ruscello (m)	ʒadwal māʼiy (m)	جدول مائيّ
potabile (agg)	aʃ ʃurb	الشرب
dolce (di acqua ~)	ʻaðb	عذب
ghiaccio (m)	ʒalīd (m)	جليد
ghiacciarsi (vr)	taʒammad	تجمّد

82. Nomi dei fiumi

Senna (f)	nahr as sīn (m)	نهر السين
Loira (f)	nahr al lua:r (m)	نهر اللوار
Tamigi (m)	nahr at tīmz (m)	نهر التيمز
Reno (m)	nahr ar rayn (m)	نهر الراين
Danubio (m)	nahr ad danūb (m)	نهر الدانوب
Volga (m)	nahr al vulɣa (m)	نهر الفولغا
Don (m)	nahr ad dūn (m)	نهر الدون
Lena (f)	nahr līna (m)	نهر لينا
Fiume (m) Giallo	an nahr al aṣfar (m)	النهر الأصفر
Fiume (m) Azzurro	nahr al yanɣtsi (m)	نهر اليانغتسي
Mekong (m)	nahr al mikunɣ (m)	نهر الميكونغ
Gange (m)	nahr al ɣānʒ (m)	نهر الغانج
Nilo (m)	nahr an nīl (m)	نهر النيل
Congo (m)	nahr al kunɣu (m)	نهر الكنغو
Okavango	nahr ukavanʒu (m)	نهر اوكافانجو

Zambesi (m)	nahr az zambizi (m)	نهر الزمبيزي
Limpopo (m)	nahr limbubu (m)	نهر ليمبوبو
Mississippi (m)	nahr al mississibbi (m)	نهر الميسيسيبي

83. Foresta

foresta (f)	ɣāba (f)	غابة
forestale (agg)	ɣāba	غابة
foresta (f) fitta	ɣāba kaθīfa (f)	غابة كثيفة
boschetto (m)	ɣāba ṣaɣīra (f)	غابة صغيرة
radura (f)	minṭaqa uzīlat minha al aʃʒār (f)	منطقة أزيلت منها الأشجار
roveto (m)	aʒama (f)	أجمة
boscaglia (f)	ʃuʒayrāt (pl)	شجيرات
sentiero (m)	mamarr (m)	ممرّ
calanco (m)	wādi ḍayyiq (m)	واد ضيّق
albero (m)	ʃaʒara (f)	شجرة
foglia (f)	waraqa (f)	ورقة
fogliame (m)	waraq (m)	ورق
caduta (f) delle foglie	tasāquṭ al awrāq (m)	تساقط الأوراق
cadere (vi)	saqaṭ	سقط
cima (f)	ra's (m)	رأس
ramo (m), ramoscello (m)	ɣuṣn (m)	غصن
ramo (m)	ɣuṣn (m)	غصن
gemma (f)	bur'um (m)	برعم
ago (m)	ʃawka (f)	شوكة
pigna (f)	kūz aṣ ṣanawbar (m)	كوز الصنوبر
cavità (f)	ʒawf (m)	جوف
nido (m)	'uʃʃ (m)	عشّ
tana (f) (del fox, ecc.)	ʒuḥr (m)	جحر
tronco (m)	ʒiðʿ (m)	جذع
radice (f)	ʒiðr (m)	جذر
corteccia (f)	liḥā' (m)	لحاء
musco (m)	ṭuḥlub (m)	طحلب
sradicare (vt)	iqtalaʿ	إقتلع
abbattere (~ un albero)	qaṭaʿ	قطع
disboscare (vt)	azāl al ɣābāt	أزال الغابات
ceppo (m)	ʒiðʿ aʃ ʃaʒara (m)	جذع الشجرة
falò (m)	nār muxayyam (m)	نار مخيّم
incendio (m) boschivo	ḥarīq ɣāba (m)	حريق غابة

spegnere (vt)	aṭfa'	أطفأ
guardia (f) forestale	ḥāris al ɣāba (m)	حارس الغابة
protezione (f)	ḥimāya (f)	حماية
proteggere (~ la natura)	ḥama	حمى
bracconiere (m)	sāriq aṣ ṣayd (m)	سارق الصيد
tagliola (f) (~ per orsi)	maṣyada (f)	مصيدة
raccogliere (vt)	ʒamaʿ	جمع
perdersi (vr)	tāh	تاه

84. Risorse naturali

risorse (f pl) naturali	θarawāt ṭabīiyya (pl)	ثروات طبيعيّة
minerali (m pl)	maʿādin (pl)	معادن
deposito (m) (~ di carbone)	makāmin (pl)	مكامن
giacimento (m) (~ petrolifero)	ḥaql (m)	حقل
estrarre (vt)	istaxraʒ	إستخرج
estrazione (f)	istixrāʒ (m)	إستخراج
minerale (m) grezzo	xām (m)	خام
miniera (f)	manʒam (m)	منجم
pozzo (m) di miniera	manʒam (m)	منجم
minatore (m)	ʿāmil manʒam (m)	عامل منجم
gas (m)	ɣāz (m)	غاز
gasdotto (m)	xaṭṭ anābīb ɣāz (m)	خط أنابيب غاز
petrolio (m)	nafṭ (m)	نفط
oleodotto (m)	anābīb an nafṭ (pl)	أنابيب النفط
torre (f) di estrazione	bi'r an nafṭ (m)	بئر النفط
torre (f) di trivellazione	ḥaffāra (f)	حفّارة
petroliera (f)	nāqilat an nafṭ (f)	ناقلة النفط
sabbia (f)	raml (m)	رمل
calcare (m)	ḥaʒar kalsiy (m)	حجر كلسيّ
ghiaia (f)	ḥaṣa (m)	حصى
torba (f)	xaθθ faḥm nabātiy (m)	خثّ فحم نباتيّ
argilla (f)	ṭīn (m)	طين
carbone (m)	faḥm (m)	فحم
ferro (m)	ḥadīd (m)	حديد
oro (m)	ðahab (m)	ذهب
argento (m)	fiḍḍa (f)	فضّة
nichel (m)	nikil (m)	نيكل
rame (m)	nuḥās (m)	نحاس
zinco (m)	zink (m)	زنك
manganese (m)	manɣanīz (m)	منغنيز
mercurio (m)	zi'baq (m)	زئبق

piombo (m)	ruṣāṣ (m)	رصاص
minerale (m)	ma'dan (m)	معدن
cristallo (m)	ballūra (f)	بلّورة
marmo (m)	ruxām (m)	رخام
uranio (m)	yurānuim (m)	يورانيوم

85. Tempo

tempo (m)	ṭaqs (m)	طقس
previsione (f) del tempo	naʃra ʒawwiyya (f)	نشرة جوّية
temperatura (f)	ḥarāra (f)	حرارة
termometro (m)	tirmūmitr (m)	ترمومتر
barometro (m)	barūmitr (m)	بارومتر
umido (agg)	raṭib	رطب
umidità (f)	ruṭūba (f)	رطوبة
caldo (m), afa (f)	ḥarāra (f)	حرارة
molto caldo (agg)	ḥārr	حارّ
fa molto caldo	al ʒaww ḥārr	الجوّ حارّ
fa caldo	al ʒaww dāfi'	الجوّ دافئ
caldo, mite (agg)	dāfi'	دافئ
fa freddo	al ʒaww bārid	الجوّ بارد
freddo (agg)	bārid	بارد
sole (m)	ʃams (f)	شمس
splendere (vi)	aḍā'	أضاء
di sole (una giornata ~)	muʃmis	مشمس
sorgere, levarsi (vr)	ʃaraq	شرق
tramontare (vi)	ɣarab	غرب
nuvola (f)	saḥāba (f)	سحابة
nuvoloso (agg)	ɣā'im	غائم
nube (f) di pioggia	saḥābat maṭar (f)	سحابة مطر
nuvoloso (agg)	ɣā'im	غائم
pioggia (f)	maṭar (m)	مطر
piove	innaha tamṭur	إنّها تمطر
piovoso (agg)	mumṭir	ممطر
piovigginare (vi)	raðð	رذّ
pioggia (f) torrenziale	maṭar munhamir (f)	مطر منهمر
acquazzone (m)	maṭar ɣazīr (m)	مطر غزير
forte (una ~ pioggia)	ʃadīd	شديد
pozzanghera (f)	birka (f)	بركة
bagnarsi	ibtall	إبتلّ
(~ sotto la pioggia)		
foschia (f), nebbia (f)	ḍabāb (m)	ضباب
nebbioso (agg)	muḍabbab	مضبّب

| neve (f) | θalʒ (m) | ثلج |
| nevica | innaha taθluʒ | إنّها تثلج |

86. Rigide condizioni metereologiche. Disastri naturali

temporale (m)	ʻāṣifa raʻdiyya (f)	عاصفة رعديّة
fulmine (f)	barq (m)	برق
lampeggiare (vi)	baraq	برق
tuono (m)	raʻd (m)	رعد
tuonare (vi)	raʻad	رعد
tuona	tarʻad as samā'	ترعد السماء
grandine (f)	maṭar bard (m)	مطر برد
grandina	tamṭur as samā' bardan	تمطر السماء بردًا
inondare (vt)	ɣamar	غمر
inondazione (f)	fayaḍān (m)	فيضان
terremoto (m)	zilzāl (m)	زلزال
scossa (f)	hazza arḍiyya (f)	هزّة أرضيّة
epicentro (m)	markaz az zilzāl (m)	مركز الزلزال
eruzione (f)	θawrān (m)	ثوران
lava (f)	ḥumam burkāniyya (pl)	حمم بركانيّة
tromba (f), tornado (m)	iʻṣār (m)	إعصار
tifone (m)	ṭūfān (m)	طوفان
uragano (m)	iʻṣār (m)	إعصار
tempesta (f)	ʻāṣifa (f)	عاصفة
tsunami (m)	tsunāmi (m)	تسونامي
ciclone (m)	iʻṣār (m)	إعصار
maltempo (m)	ṭaqs sayyi' (m)	طقس سيّء
incendio (m)	ḥarīq (m)	حريق
disastro (m)	kāriθa (f)	كارثة
meteorite (m)	ḥaʒar nayzakiy (m)	حجر نيزكيّ
valanga (f)	inhiyār θalʒiy (m)	إنهيار ثلجيّ
slavina (f)	inhiyār θalʒiy (m)	إنهيار ثلجيّ
tempesta (f) di neve	ʻāṣifa θalʒiyya (f)	عاصفة ثلجيّة
bufera (f) di neve	ʻāṣifa θalʒiyya (f)	عاصفة ثلجيّة

T&P BOOKS

FAUNA

T&P Books Publishing

87. Mammiferi. Predatori

predatore (m)	ḥayawān muftaris (m)	حيوان مفترس
tigre (f)	namir (m)	نمر
leone (m)	asad (m)	أسد
lupo (m)	ðiʼb (m)	ذئب
volpe (m)	θaʻlab (m)	ثعلب
giaguaro (m)	namir amrīkiy (m)	نمر أمريكيّ
leopardo (m)	fahd (m)	فهد
ghepardo (m)	namir ṣayyād (m)	نمر صيّاد
pantera (f)	namir aswad (m)	نمر أسود
puma (f)	būma (m)	بوما
leopardo (m) delle nevi	namir aθ θulūʒ (m)	نمر الثلوج
lince (f)	waʃaq (m)	وشق
coyote (m)	qayūṭ (m)	قيوط
sciacallo (m)	ibn ʼāwa (m)	ابن آوى
iena (f)	ḍabuʻ (m)	ضبع

88. Animali selvatici

animale (m)	ḥayawān (m)	حيوان
bestia (f)	ḥayawān (m)	حيوان
scoiattolo (m)	sinʒāb (m)	سنجاب
riccio (m)	qumfuð (m)	قنفذ
lepre (f)	arnab barriy (m)	أرنب برّيّ
coniglio (m)	arnab (m)	أرنب
tasso (m)	ɣarīr (m)	غرير
procione (f)	rākūn (m)	راكون
criceto (m)	qidād (m)	قداد
marmotta (f)	marmuṭ (m)	مرموط
talpa (f)	xuld (m)	خلد
topo (m)	faʼr (m)	فأر
ratto (m)	ʒurað (m)	جرذ
pipistrello (m)	xuffāʃ (m)	خفاش
ermellino (m)	qāqum (m)	قاقم
zibellino (m)	sammūr (m)	سمّور
martora (f)	dalaq (m)	دلق

donnola (f)	ibn 'irs (m)	إبن عرس
visone (m)	mink (m)	منك
castoro (m)	qundus (m)	قندس
lontra (f)	quḍā‘a (f)	قضاعة
cavallo (m)	ḥiṣān (m)	حصان
alce (m)	mūz (m)	موظ
cervo (m)	ayyil (m)	أيّل
cammello (m)	ʒamal (m)	جمل
bisonte (m) americano	bisūn (m)	بيسون
bisonte (m) europeo	θawr barriy (m)	ثور بَريّ
bufalo (m)	ʒāmūs (m)	جاموس
zebra (f)	ḥimār zarad (m)	حمار زرد
antilope (f)	ẓabiy (m)	ظبي
capriolo (m)	yaḥmūr (m)	يحمور
daino (m)	ayyil asmar urubbiy (m)	أيّل أسمر أوروبيّ
camoscio (m)	ʃamwāh (f)	شاماوه
cinghiale (m)	xinzīr barriy (m)	خنزير بَريّ
balena (f)	ḥūt (m)	حوت
foca (f)	fuqma (f)	فقمة
tricheco (m)	fazẓ (m)	فظّ
otaria (f)	fuqmat al firā' (f)	فقمة الفرَاء
delfino (m)	dilfīn (m)	دلفين
orso (m)	dubb (m)	دبّ
orso (m) bianco	dubb quṭbiy (m)	دبّ قطبيّ
panda (m)	bānda (m)	باندا
scimmia (f)	qird (m)	قرد
scimpanzè (m)	ʃimbanzi (m)	شيمبانزي
orango (m)	urangutān (m)	أورنغوتان
gorilla (m)	ɣurīlla (f)	غوريلا
macaco (m)	qird al makāk (m)	قرد المكاك
gibbone (m)	ʒibbūn (m)	جبون
elefante (m)	fīl (m)	فيل
rinoceronte (m)	xartīt (m)	خرتيت
giraffa (f)	zarāfa (f)	زرافة
ippopotamo (m)	faras an nahr (m)	فرس النهر
canguro (m)	kanɣar (m)	كنغر
koala (m)	kuala (m)	كوالا
mangusta (f)	nims (m)	نمس
cincillà (f)	ʃinʃīla (f)	شنشيلة
moffetta (f)	ẓaribān (m)	ظربان
istrice (m)	nīṣ (m)	نيص

89. Animali domestici

Italiano	Traslitterazione	العربية
gatta (f)	qiṭṭa (f)	قطّة
gatto (m)	ðakar al qiṭṭ (m)	ذكر القطّ
cane (m)	kalb (m)	كلب
cavallo (m)	ḥiṣān (m)	حصان
stallone (m)	faḥl al χayl (m)	فحل الخيل
giumenta (f)	unθa al faras (f)	أنثى الفرس
mucca (f)	baqara (f)	بقرة
toro (m)	θawr (m)	ثور
bue (m)	θawr (m)	ثور
pecora (f)	χarūf (f)	خروف
montone (m)	kabʃ (m)	كبش
capra (f)	māʿiz (f)	ماعز
caprone (m)	ðakar al māʿið (m)	ذكر الماعز
asino (m)	ḥimār (m)	حمار
mulo (m)	baγl (m)	بغل
porco (m)	χinzīr (m)	خنزير
porcellino (m)	χannūṣ (m)	خنّوص
coniglio (m)	arnab (m)	أرنب
gallina (f)	daʒāʒa (f)	دجاجة
gallo (m)	dīk (m)	ديك
anatra (f)	baṭṭa (f)	بطّة
maschio (m) dell'anatra	ðakar al baṭṭ (m)	ذكر البطّ
oca (f)	iwazza (f)	إوزّة
tacchino (m)	dīk rūmiy (m)	ديك رومي
tacchina (f)	daʒāʒ rūmiy (m)	دجاج رومي
animali (m pl) domestici	ḥayawānāt dawāʒin (pl)	حيوانات دواجن
addomesticato (agg)	alīf	أليف
addomesticare (vt)	allaf	ألّف
allevare (vt)	rabba	ربّى
fattoria (f)	mazraʿa (f)	مزرعة
pollame (m)	ṭuyūr dāʒina (pl)	طيور داجنة
bestiame (m)	māʃiya (f)	ماشية
branco (m), mandria (f)	qaṭīʿ (m)	قطيع
scuderia (f)	isṭabl χayl (m)	إسطبل خيل
porcile (m)	ḥaẓīrat al χanāzīr (f)	حظيرة الخنازير
stalla (f)	zirība al baqar (f)	زريبة البقر
conigliera (f)	qunn al arānib (m)	قنّ الأرانب
pollaio (m)	qunn ad daʒāʒ (m)	قنّ الدجاج

90. Uccelli

uccello (m)	ţā'ir (m)	طائر
colombo (m), piccione (m)	ḥamāma (f)	حمامة
passero (m)	'uşfūr (m)	عصفور
cincia (f)	qurquf (m)	قرقف
gazza (f)	'aq'aq (m)	عقعق
corvo (m)	ɣurāb aswad (m)	غراب أسود
cornacchia (f)	ɣurāb (m)	غراب
taccola (f)	zāɣ (m)	زاغ
corvo (m) nero	ɣurāb al qayẓ (m)	غراب القيظ
anatra (f)	baţţa (f)	بطّة
oca (f)	iwazza (f)	إوزّة
fagiano (m)	tadarruʒ (m)	تدرج
aquila (f)	nasr (m)	نسر
astore (m)	bāz (m)	باز
falco (m)	şaqr (m)	صقر
grifone (m)	raxam (m)	رخم
condor (m)	kundūr (m)	كندور
cigno (m)	timma (m)	تمّة
gru (f)	kurkiy (m)	كركي
cicogna (f)	laqlaq (m)	لقلق
pappagallo (m)	babaɣā' (m)	ببغاء
colibrì (m)	ţannān (m)	طنّان
pavone (m)	ţāwūs (m)	طاووس
struzzo (m)	na'āma (f)	نعامة
airone (m)	balaʃūn (m)	بلشون
fenicottero (m)	nuḥām wardiy (m)	نحام وردي
pellicano (m)	baʒa'a (f)	بجعة
usignolo (m)	bulbul (m)	بلبل
rondine (f)	sunūnū (m)	سنونو
tordo (m)	sumna (m)	سمنة
tordo (m) sasello	summuna muɣarrida (m)	سمنة مغرِّدة
merlo (m)	ʃaḥrūr aswad (m)	شحرور أسود
rondone (m)	samāma (m)	سمامة
allodola (f)	qubbara (f)	قبّرة
quaglia (f)	sammān (m)	سمّان
picchio (m)	naqqār al xaʃab (m)	نقّار الخشب
cuculo (m)	waqwāq (m)	وقواق
civetta (f)	būma (f)	بومة
gufo (m) reale	būm urāsiy (m)	بوم أوراسيّ

urogallo (m)	dīk il χalanȝ (m)	ديك الخلنج
fagiano (m) di monte	ṭayhūȝ aswad (m)	طيهوج أسود
pernice (f)	haȝal (m)	حجل

storno (m)	zurzūr (m)	زرزور
canarino (m)	kanāriy (m)	كناريّ
francolino (m) di monte	ṭayhūȝ il bunduq (m)	طيهوج البندق
fringuello (m)	ʃurʃūr (m)	شرشور
ciuffolotto (m)	diχnāʃ (m)	دغناش

gabbiano (m)	nawras (m)	نورس
albatro (m)	al qaṭras (m)	القطرس
pinguino (m)	biṭrīq (m)	بطريق

91. Pesci. Animali marini

abramide (f)	abramīs (m)	أبراميس
carpa (f)	ʃabbūṭ (m)	شبّوط
perca (f)	farχ (m)	فرخ
pesce (m) gatto	qarmūṭ (m)	قرموط
luccio (m)	samak al karāki (m)	سمك الكراكي

| salmone (m) | salmūn (m) | سلمون |
| storione (m) | haʃʃ (m) | حفش |

aringa (f)	rinȝa (f)	رنجة
salmone (m)	salmūn aṭlasiy (m)	سلمون أطلسيّ
scombro (m)	usqumriy (m)	أسقمريّ
sogliola (f)	samak mufalṭaḥ (f)	سمك مفلطح

lucioperca (f)	samak sandar (m)	سمك سندر
merluzzo (m)	qudd (m)	قدّ
tonno (m)	tūna (f)	تونة
trota (f)	salmūn muraqqaṭ (m)	سلمون مرقّط

anguilla (f)	hankalīs (m)	حنكليس
torpedine (f)	ra"ād (m)	رعّاد
murena (f)	murāy (m)	موراي
piranha (f)	birāna (f)	بيرانا

squalo (m)	qirʃ (m)	قرش
delfino (m)	dilfīn (m)	دلفين
balena (f)	hūt (m)	حوت

granchio (m)	salṭaʿūn (m)	سلطعون
medusa (f)	qindīl al bahr (m)	قنديل البحر
polpo (m)	uχṭubūṭ (m)	أخطبوط

| stella (f) marina | naȝmat al bahr (f) | نجمة البحر |
| riccio (m) di mare | qumfuð al bahr (m) | قنفذ البحر |

cavalluccio (m) marino	ḥiṣān al baḥr (m)	فرس ا لبحر
ostrica (f)	maḥār (m)	محار
gamberetto (m)	ʒambari (m)	جمبري
astice (m)	istakūza (f)	إستكوزا
aragosta (f)	karkand ʃāik (m)	كركند شائك

92. Anfibi. Rettili

serpente (m)	θuʿbān (m)	ثعبان
velenoso (agg)	sāmm	سامَ
vipera (f)	afʿa (f)	أفعى
cobra (m)	kūbra (m)	كوبرا
pitone (m)	biθūn (m)	بيثون
boa (m)	buwāʾ (f)	بواء
biscia (f)	θuʿbān al ʿuʃb (m)	ثعبان العشب
serpente (m) a sonagli	afʿa al ʒalʒala (f)	أفعى الجلجلة
anaconda (f)	anakūnda (f)	أناكوندا
lucertola (f)	siḥliyya (f)	سحليَة
iguana (f)	iɣwāna (f)	إغوانة
varano (m)	waral (m)	ورل
salamandra (f)	samandar (m)	سمندر
camaleonte (m)	ḥirbāʾ (f)	حرباء
scorpione (m)	ʿaqrab (m)	عقرب
tartaruga (f)	sulaḥfāt (f)	سلحفاة
rana (f)	ḍifḍaʿ (m)	ضفدع
rospo (m)	ḍifḍaʿ aṭ ṭīn (m)	ضفدع ا لطين
coccodrillo (m)	timsāḥ (m)	تمساح

93. Insetti

insetto (m)	ḥaʃara (f)	حشرة
farfalla (f)	farāʃa (f)	فراشة
formica (f)	namla (f)	نملة
mosca (f)	ðubāba (f)	ذبابة
zanzara (f)	namūsa (f)	ناموسة
scarabeo (m)	xunfusa (f)	خنفسة
vespa (f)	dabbūr (m)	دبّور
ape (f)	naḥla (f)	نحلة
bombo (m)	naḥla ṭannāna (f)	نحلة طنّا ة
tafano (m)	naʿra (f)	نعرة
ragno (m)	ʿankabūt (m)	عنكبوت
ragnatela (f)	nasīʒ ʿankabūt (m)	نسيج عنكبوت

libellula (f)	ya'sūb (m)	يعسوب
cavalletta (f)	ʒarād (m)	جراد
farfalla (f) notturna	'itta (f)	عتة
scarafaggio (m)	ṣurṣūr (m)	صرصور
zecca (f)	qurāda (f)	قرادة
pulce (f)	burɣūθ (m)	برغوث
moscerino (m)	ba'ūḍa (f)	بعوضة
locusta (f)	ʒarād (m)	جراد
lumaca (f)	ḥalzūn (m)	حلزون
grillo (m)	ṣarrār al layl (m)	صرّار الليل
lucciola (f)	yarā'a muḍī'a (f)	يراعة مضيئة
coccinella (f)	da'sūqa (f)	دعسوقة
maggiolino (m)	χunfusa kabīra (f)	خنفسة كبيرة
sanguisuga (f)	'alaqa (f)	علقة
bruco (m)	yasrū' (m)	يسروع
verme (m)	dūda (f)	دودة
larva (f)	yaraqa (f)	يرقة

T&P BOOKS

FLORA

T&P Books Publishing

albero (m)	ʃaʒara (f)	شجرة
deciduo (agg)	nafḍiyya	نفضيّة
conifero (agg)	ṣanawbariyya	صنوبريّة
sempreverde (agg)	dā'imat al χuḍra	دائمة الخضرة
melo (m)	ʃaʒarat tuffāḥ (f)	شجرة تفّاح
pero (m)	ʃaʒarat kummaθra (f)	شجرة كمثرى
ciliegio (m), amareno (m)	ʃaʒarat karaz (f)	شجرة كرز
prugno (m)	ʃaʒarat barqūq (f)	شجرة برقوق
betulla (f)	batūla (f)	بتولا
quercia (f)	ballūṭ (f)	بلّوط
tiglio (m)	ʃaʒarat zayzafūn (f)	شجرة زيزفون
pioppo (m) tremolo	ḥawr raʒrāʒ (m)	حور رجراج
acero (m)	qayqab (f)	قيقب
abete (m)	ratinaʒ (f)	راتينج
pino (m)	ṣanawbar (f)	صنوبر
larice (m)	arziyya (f)	أرزيّة
abete (m) bianco	tannūb (f)	تنّوب
cedro (m)	arz (f)	أرز
pioppo (m)	ḥawr (f)	حور
sorbo (m)	ɣubayrā' (f)	غبيراء
salice (m)	ṣafsāf (f)	صفصاف
alno (m)	ʒār il mā' (m)	جار الماء
faggio (m)	zān (m)	زان
olmo (m)	dardār (f)	دردار
frassino (m)	marān (f)	مران
castagno (m)	kastanā' (f)	كستناء
magnolia (f)	maɣnūliya (f)	مغنوليا
palma (f)	naχla (f)	نخلة
cipresso (m)	sarw (f)	سرو
mangrovia (f)	ayka sāḥiliyya (f)	أيكة ساحليّة
baobab (m)	bāubāb (f)	باوباب
eucalipto (m)	ukaliptus (f)	أوكالبتوس
sequoia (f)	siqūya (f)	سيكويا

95. Arbusti

cespuglio (m)	ʃuʒayra (f)	شجيرة
arbusto (m)	ʃuʒayrāt (pl)	شجيرات
vite (f)	karma (f)	كرمة
vigneto (m)	karam (m)	كرم
lampone (m)	tūt al ʻullayq al aḥmar (m)	توت العليق الأحمر
ribes (m) rosso	kiʃmiʃ aḥmar (m)	كشمش أحمر
uva (f) spina	ʻinab aθ θaʻlab (m)	عنب الثعلب
acacia (f)	sanṭ (f)	سنط
crespino (m)	amīr barīs (m)	أمير باريس
gelsomino (m)	yāsmīn (m)	ياسمين
ginepro (m)	ʻarʻar (m)	عرعر
roseto (m)	ʃuʒayrat ward (f)	شجيرة ورد
rosa (f) canina	ward ʒabaliy (m)	ورد جبليّ

96. Frutti. Bacche

frutto (m)	θamra (f)	ثمرة
frutti (m pl)	θamr (m)	ثمر
mela (f)	tuffāḥa (f)	تفّاحة
pera (f)	kummaθra (f)	كمّثرى
prugna (f)	barqūq (m)	برقوق
fragola (f)	farawla (f)	فراولة
amarena (f), ciliegia (f)	karaz (m)	كرز
uva (f)	ʻinab (m)	عنب
lampone (m)	tūt al ʻullayq al aḥmar (m)	توت العليق الأحمر
ribes (m) nero	ʻinab aθ θaʻlab al aswad (m)	عنب الثعلب الأسود
ribes (m) rosso	kiʃmiʃ aḥmar (m)	كشمش أحمر
uva (f) spina	ʻinab aθ θaʻlab (m)	عنب الثعلب
mirtillo (m) di palude	tūt aḥmar barriy (m)	توت أحمر برّيّ
arancia (f)	burtuqāl (m)	برتقال
mandarino (m)	yūsufiy (m)	يوسفي
ananas (m)	ananās (m)	أناناس
banana (f)	mawz (m)	موز
dattero (m)	tamr (m)	تمر
limone (m)	laymūn (m)	ليمون
albicocca (f)	miʃmiʃ (f)	مشمش
pesca (f)	durrāq (m)	دراق
kiwi (m)	kiwi (m)	كيوي

pompelmo (m)	zinbā' (m)	زنباع
bacca (f)	ḥabba (f)	حبّة
bacche (f pl)	ḥabbāt (pl)	حبّات
mirtillo (m) rosso	'inab aθ θawr (m)	عنب الثور
fragola (f) di bosco	farāwla barriyya (f)	فراولة برّية
mirtillo (m)	'inab al aḥrāʒ (m)	عنب الأحراج

97. Fiori. Piante

fiore (m)	zahra (f)	زهرة
mazzo (m) di fiori	bāqat zuhūr (f)	باقة زهور
rosa (f)	warda (f)	وردة
tulipano (m)	tulīb (f)	توليب
garofano (m)	qurumful (m)	قرنفل
gladiolo (m)	dalbūθ (f)	دلبوث
fiordaliso (m)	turunʃāh (m)	ترنشاه
campanella (f)	ʒarīs (m)	جريس
soffione (m)	hindibā' (f)	هندباء
camomilla (f)	babunʒ (m)	بابونج
aloe (m)	aluwwa (m)	ألوّة
cactus (m)	ṣabbār (m)	صبّار
ficus (m)	tīn (m)	تين
giglio (m)	sawsan (m)	سوسن
geranio (m)	ibrat ar rā'i (f)	إبرة الراعي
giacinto (m)	zanbaq (f)	زنبق
mimosa (f)	mimūza (f)	ميموزا
narciso (m)	narʒis (f)	نرجس
nasturzio (m)	abu xanʒar (f)	أبو خنجر
orchidea (f)	saḥlab (f)	سحلب
peonia (f)	fawniya (f)	فاوانيا
viola (f)	banafsaʒ (f)	بنفسج
viola (f) del pensiero	banafsaʒ muθallaθ (m)	بنفسج مثلث
nontiscordardimé (m)	'āðān al fa'r (pl)	آذان الفأر
margherita (f)	uqḥuwān (f)	أقحوان
papavero (m)	xaʃxāʃ (f)	خشخاش
canapa (f)	qinnab (m)	قنب
menta (f)	na'nā' (m)	نعناع
mughetto (m)	sawsan al wādi (m)	سوسن الوادي
bucaneve (m)	zahrat al laban (f)	زهرة اللبن
ortica (f)	qarrāṣ (m)	قرّاص
acetosa (f)	ḥammāḍ (m)	حمّاض

ninfea (f)	nilūfar (m)	نيلوفر
felce (f)	saraxs (m)	سرخس
lichene (m)	uʃna (f)	أشنة
serra (f)	dafiʾa (f)	دفيئة
prato (m) erboso	ʿuʃb (m)	عشب
aiuola (f)	ʒunaynat zuhūr (f)	جنينة زهور
pianta (f)	nabāt (m)	نبات
erba (f)	ʿuʃb (m)	عشب
filo (m) d'erba	ʿuʃba (f)	عشبة
foglia (f)	waraqa (f)	ورقة
petalo (m)	waraqat az zahra (f)	ورقة الزهرة
stelo (m)	sāq (f)	ساق
tubero (m)	darnat nabāt (f)	درنة نبات
germoglio (m)	nabta sayīra (f)	نبتة صغيرة
spina (f)	ʃawka (f)	شوكة
fiorire (vi)	nawwar	نوّر
appassire (vi)	ðabal	ذبل
odore (m), profumo (m)	rāʾiḥa (f)	رائحة
tagliare (~ i fiori)	qaṭaʿ	قطع
cogliere (vt)	qaṭaf	قطف

98. Cereali, granaglie

grano (m)	ḥubūb (pl)	حبوب
cereali (m pl)	maḥāṣīl al ḥubūb (pl)	محاصيل الحبوب
spiga (f)	sumbula (f)	سنبلة
frumento (m)	qamḥ (m)	قمح
segale (f)	ʒāwdār (m)	جاودار
avena (f)	ʃūfān (m)	شوفان
miglio (m)	duxn (m)	دخن
orzo (m)	ʃaʿīr (m)	شعير
mais (m)	ðura (f)	ذرّة
riso (m)	urz (m)	أرز
grano (m) saraceno	ḥinṭa sawdāʾ (f)	حنطة سوداء
pisello (m)	bisilla (f)	بسلّة
fagiolo (m)	faṣūliya (f)	فاصوليا
soia (f)	fūl aṣ ṣūya (m)	فول الصويا
lenticchie (f pl)	ʿadas (m)	عدس
fave (f pl)	fūl (m)	فول

BOOKS

PAESI

T&P Books Publishing

Afghanistan (m)	afɣanistān (f)	أفغانستان
Albania (f)	albāniya (f)	ألبانيا
Arabia Saudita (f)	as saʿūdiyya (f)	السعوديّة
Argentina (f)	arʒantīn (f)	الأرجنتين
Armenia (f)	armīniya (f)	أرمينيا
Australia (f)	usturāliya (f)	أستراليا
Austria (f)	an nimsa (f)	النمسا
Azerbaigian (m)	aðarbiʒān (m)	أذربيجان
Le Bahamas	ʒuzur bahāmas (pl)	جزر باهاماس
Bangladesh (m)	banʒladīʃ (f)	بنجلاديش
Belgio (m)	balʒīka (f)	بلجيكا
Bielorussia (f)	bilarūs (f)	بيلاروس
Birmania (f)	myanmār (f)	ميانمار
Bolivia (f)	bulīviya (f)	بوليفيا
Bosnia-Erzegovina (f)	al busna wal hirsuk (f)	البوسنة والهرسك
Brasile (m)	al brazīl (f)	البرازيل
Bulgaria (f)	bulɣāriya (f)	بلغاريا
Cambogia (f)	kambūdya (f)	كمبوديا
Canada (m)	kanada (f)	كندا
Cile (m)	tʃīli (f)	تشيلي
Cina (f)	aṣ ṣīn (f)	الصين
Cipro (m)	qubruṣ (f)	قبرص
Colombia (f)	kulumbiya (f)	كولومبيا
Corea (f) del Nord	kūria aʃ ʃimāliyya (f)	كوريا الشماليّة
Corea (f) del Sud	kuriya al ʒanūbiyya (f)	كوريا الجنوبيّة
Croazia (f)	kruātiya (f)	كرواتيا
Cuba (f)	kūba (f)	كوبا
Danimarca (f)	ad danimārk (f)	الدانمارك
Ecuador (m)	al iqwadūr (f)	الإكوادور
Egitto (m)	miṣr (f)	مصر
Emirati (m pl) Arabi	al imārāt al ʿarabiyya al muttaḥida (pl)	الإمارات العربيّة المتّحدة
Estonia (f)	istūniya (f)	إستونيا
Finlandia (f)	finlanda (f)	فنلندا
Francia (f)	faransa (f)	فرنسا

Georgia (f)	ʒūrʒiya (f)	جورجيا
Germania (f)	almāniya (f)	ألمانيا

Ghana (m)	ɣāna (f)	غانا
Giamaica (f)	ʒamāyka (f)	جامايكا
Giappone (m)	al yabān (f)	اليابان
Giordania (f)	al urdun (m)	الأردن
Gran Bretagna (f)	briṭāniya al ʿuẓma (f)	بريطانيا العظمى
Grecia (f)	al yūnān (f)	اليونان
Haiti (m)	haïti (f)	هايتي
India (f)	al hind (f)	الهند
Indonesia (f)	indunīsiya (f)	إندونيسيا
Inghilterra (f)	inʒiltirra (f)	إنجلترا
Iran (m)	ʾīrān (f)	إيران
Iraq (m)	al ʿirāq (m)	العراق
Irlanda (f)	irlanda (f)	أيرلندا
Islanda (f)	ʾāyslanda (f)	آيسلندا
Israele (m)	isrāʾīl (f)	إسرائيل
Italia (f)	iṭāliya (f)	إيطاليا
Kazakistan (m)	kazaxstān (f)	كازاخستان
Kenya (m)	kiniya (f)	كينيا
Kirghizistan (m)	qirɣizistān (f)	قيرغيزستان
Kuwait (m)	al kuwayt (f)	الكويت
Laos (m)	lawus (f)	لاوس
Lettonia (f)	lātviya (f)	لاتفيا
Libano (m)	lubnān (f)	لبنان
Libia (f)	lībiya (f)	ليبيا
Liechtenstein (m)	liʃtinʃtāyn (m)	ليشتنشتاين
Lituania (f)	litwāniya (f)	ليتوانيا
Lussemburgo (m)	luksimburɣ (f)	لوكسمبورغ
Macedonia (f)	maqdūniya (f)	مقدونيا
Madagascar (m)	madaɣaʃqar (f)	مدغشقر
Malesia (f)	malīziya (f)	ماليزيا
Malta (f)	malṭa (f)	مالطا
Marocco (m)	al maɣrib (m)	المغرب
Messico (m)	al maksīk (f)	المكسيك
Moldavia (f)	muldāviya (f)	مولدافيا
Monaco (m)	munāku (f)	موناكو
Mongolia (f)	manɣūliya (f)	منغوليا
Montenegro (m)	al ʒabal al aswad (m)	الجبل الأسود
Namibia (f)	namībiya (f)	ناميبيا
Nepal (m)	nibāl (f)	نيبال
Norvegia (f)	an nirwīʒ (f)	النرويج
Nuova Zelanda (f)	nyu zilanda (f)	نيوزيلندا

101. Paesi. Parte 3

Paesi Bassi (m pl)	hulanda (f)	هولندا
Pakistan (m)	bakistān (f)	باكستان

Palestina (f)	filisṭīn (f)	فلسطين
Panama (m)	banama (f)	بنما
Paraguay (m)	baraɣwāy (f)	باراغواي
Perù (m)	biru (f)	بيرو
Polinesia (f) Francese	bulinīziya al faransiyya (f)	بولينزيا الفرنسيّة
Polonia (f)	bulanda (f)	بولندا
Portogallo (f)	al burtuɣāl (f)	البرتغال
Repubblica (f) Ceca	atʃ tʃīk (f)	التشيك
Repubblica (f) Dominicana	ʒumhūriyyat ad duminikan (f)	جمهوريّة الدومينيكان
Repubblica (f) Sudafricana	ʒumhūriyyat afrīqiya al ʒanūbiyya (f)	جمهريّة أفريقيا الجنوبيّة
Romania (f)	rumāniya (f)	رومانيا
Russia (f)	rūsiya (f)	روسيا
Scozia (f)	iskutlanda (f)	اسكتلندا
Senegal (m)	as siniɣāl (f)	السنغال
Serbia (f)	ṣirbiya (f)	صربيا
Siria (f)	sūriya (f)	سوريا
Slovacchia (f)	sluvākiya (f)	سلوفاكيا
Slovenia (f)	sluvīniya (f)	سلوفينيا
Spagna (f)	isbāniya (f)	إسبانيا
Stati (m pl) Uniti d'America	al wilāyāt al muttaḥida al amrīkiyya (pl)	الولايات المتّحدة الأمريكيّة
Suriname (m)	surinām (f)	سورينام
Svezia (f)	as suwayd (f)	السويد
Svizzera (f)	swīsra (f)	سويسرا
Tagikistan (m)	ṭaʒīkistān (f)	طاجيكستان
Tailandia (f)	taylānd (f)	تايلاند
Taiwan (m)	taywān (f)	تايوان
Tanzania (f)	tanzāniya (f)	تنزانيا
Tasmania (f)	tasmāniya (f)	تاسمانيا
Tunisia (f)	tūnis (f)	تونس
Turchia (f)	turkiya (f)	تركيا
Turkmenistan (m)	turkmānistān (f)	تركمانستان
Ucraina (f)	ukrāniya (f)	أوكرانيا
Ungheria (f)	al maʒar (f)	المجر
Uruguay (m)	uruɣwāy (f)	الأوروغواي
Uzbekistan (m)	uzbikistān (f)	أوزبكستان
Vaticano (m)	al vatikān (m)	الفاتيكان
Venezuela (f)	vinizwiyla (f)	فنزويلا
Vietnam (m)	vitnām (f)	فيتنام
Zanzibar	zanʒibār (f)	زنجبار

DIZIONARIO GASTRONOMICO

Questa sezione contiene
molti vocaboli e termini
collegati ai generi alimentari.
Questo dizionario renderà
più facile la comprensione
del menù al ristorante per
scegliere il piatto che più
vi piace

T&P Books Publishing

Italiano-Arabo dizionario gastronomico

Italiano	Arabo (traslitterazione)	Arabo
abramide (f)	abramīs (m)	أبراميس
aceto (m)	χall (m)	خلّ
acqua (f)	mā' (m)	ماء
acqua (f) minerale	mā' ma'daniy (m)	ماء معدنيّ
acqua (f) potabile	mā' ʃurb (m)	ماء شرب
affumicato	mudaχχin	مدخّن
aglio (m)	θūm (m)	ثوم
agnello (m)	laḥm aḍ ḍa'n (m)	لحم الضأن
al cioccolato	biʃ ʃukulāṭa	بالشكولاتة
albicocca (f)	miʃmiʃ	مشمش
albume (m)	bayāḍ al bayḍ (m)	بياض البيض
alloro (m)	awrāq al χār (pl)	أوراق الغار
amaro	murr	مرّ
analcolico	bi dūn kuḥūl	بدون كحول
ananas (m)	ananās (m)	أناناس
anatra (f)	baṭṭa (f)	بطّة
aneto (m)	ʃabat (m)	شبت
anguilla (f)	ḥankalīs (m)	حنكليس
anguria (f)	baṭṭīχ aḥmar (m)	بطّيخ أحمر
anice (m)	yānsūn (m)	يانسون
antipasto (m)	muqabbilāt (pl)	مقبّلات
aperitivo (m)	ʃarāb (m)	شراب
appetito (m)	ʃahiyya (f)	شهيّة
apribottiglie (m)	fattāḥa (f)	فتّاحة
apriscatole (m)	fattāḥa (f)	فتّاحة
arachide (f)	fūl sudāniy (m)	فول سودانيّ
aragosta (f)	karkand ʃāik (m)	كركند شائك
arancia (f)	burtuqāl (m)	برتقال
aringa (f)	rinʒa (f)	رنجة
asparago (m)	halyūn (m)	هليون
avena (f)	ʃūfān (m)	شوفان
avocado (m)	avukādu (f)	أفوكاتو
bacca (f)	ḥabba (f)	حبّة
bacche (f pl)	ḥabbāt (pl)	حبّات
banana (f)	mawz (m)	موز
barbabietola (f)	banʒar (m)	بنجر
barista (m)	bārman (m)	بارمان
basilico (m)	rīḥān (m)	ريحان
bevanda (f) analcolica	maʃrūb ɣāziy (m)	مشروب غازي
bevande (f pl) alcoliche	maʃrūbāt kuḥūliyya (pl)	مشروبات كحوليّة
bibita (f)	maʃrūb muθallaʒ (m)	مشروب مثلّج
bicchiere (m)	kubbāya (f)	كبّاية
birra (f)	bīra (f)	بيرة
birra (f) chiara	bīra χafīfa (f)	بيرة خفيفة

birra (f) scura	bīra ɣāmiqa (f)	بيرة غامقة
biscotti (m pl)	baskawīt (m)	بسكويت
bistecca (f)	biftīk (m)	بفتيك
boleto (m) rufo	futr aḥmar (m)	فطر ًحمر
bollito	maslūq	مسلوق
briciola (f)	futāta (f)	فتاتة
broccolo (m)	brukuli (m)	بركولي
brodo (m)	maraq (m)	مرق
buccia (f)	qiʃra (f)	قشرة
budino (m)	būding (m)	بودنج
Buon appetito!	hanī'an marī'an!	هنيئًا مريئًا!
buono, gustoso	laðīð	لذيذ
burro (m)	zubda (f)	زبدة
cacciagione (f)	ṣayd (m)	صيد
caffè (m)	qahwa (f)	قهوة
caffè (m) nero	qahwa sāda (f)	قهوة سادة
caffè (m) solubile	niskafi (m)	نيسكافيه
caffè latte (m)	qahwa bil ḥalīb (f)	قهوة بالحليب
calamaro (m)	kalmāri (m)	كالماري
caldo	sāxin	ساخن
calice (m)	ka's (f)	كأس
caloria (f)	suʿra ḥarāriyya (f)	سعرة حرارية
cameriera (f)	nādila (f)	نادلة
cameriere (m)	nādil (m)	نادل
cannella (f)	qirfa (f)	قرفة
cappuccino (m)	kaputʃīnu (m)	كابتشينو
caramella (f)	bumbūn (m)	بونبون
carboidrati (m pl)	naʃawiyyāt (pl)	نشويات
carciofo (m)	xurʃūf (m)	خرشوف
carne (f)	laḥm (m)	لحم
carne (f) trita	haʃwa (f)	حشوة
carota (f)	ʒazar (m)	جزر
carpa (f)	ʃabbūṭ (m)	شبّوط
cavatappi (m)	barrīma (f)	بريمة
caviale (m)	kaviyār (m)	كافيار
cavoletti (m pl) di Bruxelles	kurumb brūksil (m)	كرنب بروكسل
cavolfiore (m)	qarnabīṭ (m)	قرنبيط
cavolo (m)	kurumb (m)	كرنب
cena (f)	ʿaʃā' (m)	عشاء
cereali (m pl)	ḥubūb (pl)	حبوب
cereali (m pl)	maḥāṣīl al ḥubūb (pl)	محاصيل الحبوب
cetriolo (m)	xiyār (m)	خيار
champagne (m)	ʃambāniya (f)	شمبانيا
chiodi (m pl) di garofano	qurumful (m)	قرنفل
cibi (m pl) in scatola	muʿallabāt (pl)	معلّبات
cibo (m)	akl (m)	أكل
cioccolato (m)	ʃukulāta (f)	شكولاتة
cipolla (f)	baṣal (m)	بصل
cocktail (m)	kuktayl (m)	كوكتيل
cognac (m)	kunyāk (m)	كونياك
colazione (f)	futūr (m)	فطور

coltello (m)	sikkīn (m)	سكّين
con ghiaccio	biθ θalʒ	بالثلج
condimento (m)	tābil (m)	تابل
congelato	muʒammad	مجمّد
coniglio (m)	arnab (m)	أرنب
conto (m)	ḥisāb (m)	حساب
contorno (m)	ṭabaq ʒānibiy (m)	طبق جانبيّ
coriandolo (m)	kuzbara (f)	كزبرة
crema (f)	krīmat zubda (f)	كريمة زبدة
cren (m)	fiʒl ḥārr (m)	فجل حارّ
crostata (f)	faṭīra (f)	فطيرة
cucchiaino (m) da tè	milʿaqat ʃāy (f)	ملعقة شاي
cucchiaio (m)	milʿaqa (f)	ملعقة
cucchiaio (m)	milʿaqa kabīra (f)	ملعقة كبيرة
cucina (f)	maṭbax (m)	مطبخ
cumino, comino (m)	karāwiya (f)	كراوية
dattero (m)	tamr (m)	تمر
dieta (f)	ḥimya ɣaðāʾiyya (f)	حمية غذائية
dolce	musakkar	مسكّر
dolce (m)	ḥalawiyyāt (pl)	حلويّات
fagiolo (m)	faṣūliya (f)	فاصوليا
farina (f)	daqīq (m)	دقيق
fave (f pl)	fūl (m)	فول
fegato (m)	kibda (f)	كبدة
fetta (f), fettina (f)	ʃarīḥa (f)	شريحة
fico (m)	tīn (m)	تين
fiocchi (m pl) di mais	kurn fliks (m)	كورن فليكس
forchetta (f)	ʃawka (f)	شوكة
formaggio (m)	ʒubna (f)	جبنة
fragola (f)	farawla (f)	فراولة
fragola (f) di bosco	farāwla barriyya (f)	فراولة برّية
freddo	bārid	بارد
frittata (f)	bayḍ maxfūq (m)	بيض مخفوق
fritto	maqliy	مقليّ
frizzante	bil ɣāz	بالغاز
frullato (m)	milk ʃiyk	ميلك شيك
frumento (m)	qamḥ (m)	قمح
frutti (m pl)	θamr (m)	ثمر
frutti (m pl) di mare	fawākih al baḥr (pl)	فواكه البحر
frutto (m)	fākiha (f)	فاكهة
fungo (m)	fuṭr (f)	فطر
fungo (m) commestibile	fuṭr ṣāliḥ lil akl (m)	فطر صالح للأكل
fungo (m) moscario	fuṭr amānīt falusyāniy as sāmm (m)	فطر أمانيت فالوسياني السامّ
fungo (m) velenoso	fuṭr sāmm (m)	فطر سامّ
gallinaccio (m)	fuṭr kwīzi (m)	فطر كويزي
gamberetto (m)	ʒambari (m)	جمبري
gassata	mukarban	مكربن
gelato (m)	muθallaʒāt (pl)	مثلّجات
ghiaccio (m)	θalʒ (m)	ثلج
gin (m)	ʒīn (m)	جين
gomma (f) da masticare	ʿilk (m)	علك

Italiano	Traslitterazione	Arabo
granchio (m)	salṭaʿūn (m)	سلطعون
grano (m)	ḥubūb (pl)	حبوب
grano (m) saraceno	ḥinṭa sawdāʾ (f)	حنطة سوداء
grassi (m pl)	duhūn (pl)	دهون
gusto (m)	ṭaʿm (m)	طعم
hamburger (m)	hamburger (m)	هامبورجر
insalata (f)	sulṭa (f)	سلطة
ippoglosso (m)	samak al halbūt (m)	سمك الهلبوت
kiwi (m)	kiwi (m)	كيوي
lampone (m)	tūt al ʿullayq al aḥmar (m)	توت العليق الأحمر
latte (m)	ḥalīb (m)	حليب
latte (m) condensato	ḥalīb mukaθθaf (m)	حليب مكثف
lattuga (f)	χass (m)	خسّ
lenticchie (f pl)	ʿadas (m)	عدس
limonata (f)	ʃarāb laymūn (m)	شراب ليمون
limone (m)	laymūn (m)	ليمون
lingua (f)	lisān (m)	لسان
liquore (m)	liqiūr (m)	ليكيور
liscia, non gassata	bi dūn γāz	بدون غاز
lista (f) dei vini	qāʾimat al χumūr (f)	قائمة خمور
luccio (m)	samak al karāki (m)	سمك اكراكي
lucioperca (f)	samak sandar (m)	سمك سندر
maiale (m)	laḥm al χinzīr (m)	لحم الخنزير
maionese (m)	mayunīz (m)	مايونيز
mais (m)	ðura (f)	ذرَة
mais (m)	ðura (f)	ذرَة
mancia (f)	baqʃīʃ (m)	بقشيش
mandarino (m)	yūsufiy (m)	يوسفي
mandorla (f)	lawz (m)	لوز
mango (m)	mangu (m)	مانجو
manzo (m)	laḥm al baqar (m)	لحم البقر
margarina (f)	marγarīn (m)	مرغرين
marmellata (f)	murabba (m)	مربى
marmellata (f)	murabba (m)	مربى
marmellata (f) di agrumi	marmalād (f)	مرملاد
mela (f)	tuffāḥa (f)	تفاحة
melagrana (f)	rummān (m)	رمان
melanzana (f)	bātinʒān (m)	باذنجان
melone (m)	baṭṭīχ aṣfar (f)	بطيخ أصفر
menù (m)	qāʾimat aṭ ṭaʿām (f)	قائمة طعام
merluzzo (m)	samak al qudd (m)	سمك القدّ
miele (m)	ʿasal (m)	عسل
miglio (m)	duχn (m)	دخن
minestra (f)	ʃūrba (f)	شوربة
mirtillo (m)	ʿinab al ahrāʒ (m)	عنب الأحراج
mirtillo (m) di palude	tūt aḥmar barriy (m)	توت أحمر برّي
mirtillo (m) rosso	ʿinab aθ θawr (m)	عنب الثور
mora (f)	θamar al ʿullayk (m)	ثمر العليق
nocciola (f)	bunduq (m)	بندق
noce (f)	ʿayn al ʒamal (f)	عين الجمل
noce (f) di cocco	ʒawz al hind (m)	جوز هند
oca (f)	iwazza (f)	إوزة

olio (m) d'oliva	zayt az zaytūn (m)	زيت الزيتون
olio (m) di girasole	zayt ʿabīd aʃ ʃams (m)	زيت عبيد الشمس
olio (m) vegetale	zayt (m)	زيت
olive (f pl)	zaytūn (m)	زيتون
ortaggi (m pl)	χuḍār (pl)	خضار
orzo (m)	ʃaʿīr (m)	شعير
ostrica (f)	maḥār (m)	محار
ovolaccio (m)	fuṭr amānīt aṭ ṭāʾir as sāmm (m)	فطر أمانيت الطائر السامّ
pâté (m)	maʿʒūn laḥm (m)	معجون لحم
pancetta (f)	bikūn (m)	بيكون
pane (m)	χubz (m)	خبز
panino (m)	sandawitʃ (m)	ساندويتش
panna (f)	krīma (f)	كريمة
panna (f) acida	krīma ḥāmiḍa (f)	كريمة حامضة
papaia (f)	babāya (m)	بابايا
paprica (f)	babrika (f)	بابريكا
pasta (f)	makarūna (f)	مكرونة
pasticceria (f)	ḥalawiyyāt (pl)	حلويّات
patata (f)	baṭāṭis (f)	بطاطس
pepe (m) nero	filfil aswad (m)	فلفل أسود
peperoncino (m)	filfil aḥmar (m)	فلفل أحمر
peperone (m)	filfil (m)	فلفل
pera (f)	kummaθra (f)	كمّثرى
perca (f)	farχ (m)	فرخ
pesca (f)	durrāq (m)	دراق
pesce (m)	samak (m)	سمك
pesce (m) gatto	qarmūṭ (m)	قرموط
pezzo (m)	qiṭʿa (f)	قطعة
piattino (m)	ṭabaq finʒān (m)	طبق فنجان
piatto (m)	waʒba (f)	وجبة
piatto (m)	ṭabaq (m)	طبق
pisello (m)	bisilla (f)	بسلّة
pistacchi (m pl)	fustuq (m)	فستق
pizza (f)	bītza (f)	بيتزا
pollo (m)	daʒāʒ (m)	دجاج
pomodoro (m)	ṭamāṭim (f)	طماطم
pompelmo (m)	zinbāʿ (m)	زنباع
porcinello (m)	fuṭr bulīṭ (m)	فطر بوليط
porcino (m)	fuṭr bulīṭ maʾkūl (m)	فطر بوليط مأكول
porridge (m)	ʿaṣīda (f)	عصيدة
porzione (f)	waʒba (f)	وجبة
pranzo (m)	ɣadāʾ (m)	غداء
prezzemolo (m)	baqdūnis (m)	بقدونس
prosciutto (m)	hām (m)	هام
prosciutto (m) affumicato	faχð χinzīr (m)	فخذ خنزير
proteine (f pl)	brutināt (pl)	بروتينات
prugna (f)	barqūq (m)	برقوق
pub (m), bar (m)	bār (m)	بار
purè (m) di patate	harīs baṭāṭis (m)	هريس بطاطس
rapa (f)	lift (m)	لفت
ravanello (m)	fiʒl (m)	فجل

retrogusto (m)	al maðãq al ʿãliq fil fam (m)	المذاق العالق فى الـفم
ribes (m) nero	ʿinab aθ θaʿlab al aswad (m)	عنب الثعلب الأسود
ribes (m) rosso	kiʃmiʃ aḥmar (m)	كشمش أحمر
ricetta (f)	waṣfa (f)	وصفة
ripieno (m)	ḥaʃwa (f)	حشوة
riso (m)	urz (m)	أرز
rossola (f)	fuṭr russūla (m)	فطر روسّولا
rum (m)	rum (m)	رم
salame (m)	suʒuq (m)	سجق
salato	mãliḥ	مالِح
sale (m)	milḥ (m)	ملح
salmone (m)	salmūn (m)	سلمون
salmone (m)	salmūn aṭlasiy (m)	سلمون أطلسيَ
salsa (f)	ṣalṣa (f)	صلصة
sardina (f)	sardīn (m)	سردين
scombro (m)	usqumriy (m)	أسقمريَ
secco	muʒaffaf	مجفَف
sedano (m)	karafs (m)	كرفس
segale (f)	ʒãwdãr (m)	جاودار
senape (f)	ṣalṣat al xardal (f)	صلصة الخردل
sesamo (m)	simsim (m)	سمسم
sogliola (f)	samak mufalṭaḥ (f)	سمك مفلطح
soia (f)	fūl aṣ ṣūya (m)	فول الصويا
sottoaceto	muxallil	مخلَل
spaghetti (m pl)	spaɣitti (m)	سباغيتي
spezie (f pl)	bahãr (m)	بهار
spiga (f)	sumbula (f)	سنبلة
spinaci (m pl)	sabãnix (m)	سبانخ
spremuta (f)	ʿaṣīr ṭãziʒ (m)	عصير طازج
spugnola (f)	fuṭr al ɣūʃna (m)	فطر الغوشنة
squalo (m)	qirʃ (m)	قرش
storione (m)	samak al ḥaʃ† (m)	سمك الحفش
stuzzicadenti (m)	xallat asnãn (f)	خلة أسنان
succo (m)	ʿaṣīr (m)	عصير
succo (m) d'arancia	ʿaṣīr burtuqãl (m)	عصير برتقال
succo (m) di pomodoro	ʿaṣīr ṭamãṭim (m)	عصير طماطم
tè (m)	ʃãy (m)	شاي
tè (m) nero	ʃãy aswad (m)	شاي أسود
tè (m) verde	ʃãy axḍar (m)	شاي أخضر
tacchino (m)	daʒãʒ rūmiy (m)	دجاج رومي
tagliatelle (f pl)	nūdlis (f)	نودلز
tazza (f)	finʒãn (m)	فنجان
tonno (m)	tūna (f)	تونة
torta (f)	tūrta (f)	تورتة
tortina (f)	kaʿk (m)	كعك
trota (f)	salmūn muraqqaṭ (m)	سلمون مرقَط
tuorlo (m)	ṣafãr al bayḍ (m)	صفار البيض
uova (f pl)	bayḍ (m)	بيض
uova (f pl) al tegamino	bayḍ maqliy (m)	بيض مقليَ
uovo (m)	bayḍa (f)	بيضة
uva (f)	ʿinab (m)	عنب

uva (f) spina	'inab aθ θa'lab (m)	عنب الثعلب
uvetta (f)	zabīb (m)	زبيب
vegetariano	nabātiy	نباتيّ
vegetariano (m)	nabātiy (m)	نباتيّ
verdura (f)	xuḍrawāt waraqiyya (pl)	خضروات ورقيّة
vermouth (m)	virmut (m)	فيرموث
vino (m)	nabīð (f)	نبيذ
vino (m) bianco	nibīð abyaḍ (m)	نبيذ أبيض
vino (m) rosso	nabīð aḥmar (m)	نبيذ أحمر
vitamina (f)	vitamīn (m)	فيتامين
vitello (m)	laḥm il 'iʒl (m)	لحم العجل
vodka (f)	vudka (f)	فودكا
würstel (m)	suʒuq (m)	سجق
wafer (m)	wāfil (m)	وافل
whisky	wiski (m)	وسكي
yogurt (m)	yūɣurt (m)	يوغورت
zafferano (m)	za'farān (m)	زعفران
zenzero (m)	zanʒabīl (m)	زنجبيل
zucca (f)	qar' (m)	قرع
zucchero (m)	sukkar (m)	سكّر
zucchina (f)	kūsa (f)	كوسة

طبق فنجان	ṭabaq finǧān (m)	piattino (m)
كُبَّاية	kubbāya (f)	bicchiere (m)
كأس	ka's (f)	calice (m)
لحم	laḥm (m)	carne (f)
دجاج	daǧāǧ (m)	pollo (m)
بطَّة	baṭṭa (f)	anatra (f)
إوزَة	iwazza (f)	oca (f)
صيد	ṣayd (m)	cacciagione (f)
دجاج رومي	daǧāǧ rūmiy (m)	tacchino (m)
لحم الخنزير	laḥm al ḫinzīr (m)	maiale (m)
لحم العجل	laḥm il 'iǧl (m)	vitello (m)
لحم الضأن	laḥm aḍ ḍa'n (m)	agnello (m)
لحم البقر	laḥm al baqar (m)	manzo (m)
أرنب	arnab (m)	coniglio (m)
سجق	suǧuq (m)	salame (m)
سجق	suǧuq (m)	würstel (m)
بيكون	bikūn (m)	pancetta (f)
هام	hām (m)	prosciutto (m)
فخذ خنزير	faḫð ḫinzīr (m)	prosciutto (m) affumicato
معجون لحم	ma'ǧūn laḥm (m)	pâté (m)
كبدة	kibda (f)	fegato (m)
حشوة	ḥaʃwa (f)	carne (f) trita
لسان	lisān (m)	lingua (f)
بيضة	bayḍa (f)	uovo (m)
بيض	bayḍ (m)	uova (f pl)
بياض البيض	bayāḍ al bayḍ (m)	albume (m)
صفار البيض	ṣafār al bayḍ (m)	tuorlo (m)
سمك	samak (m)	pesce (m)
فواكه البحر	fawākih al baḥr (pl)	frutti (m pl) di mare
كافيار	kaviyār (m)	caviale (m)
سلطعون	salṭa'ūn (m)	granchio (m)
جمبري	ǧambari (m)	gamberetto (m)
محار	maḥār (m)	ostrica (f)
كركند شائك	karkand ʃāik (m)	aragosta (f)
كالماري	kalmāri (m)	calamaro (m)
سمك الحفش	samak al ḥafʃ (m)	storione (m)
سلمون	salmūn (m)	salmone (m)
سمك الهلبوت	samak al halbūt (m)	ippoglosso (m)
سمك القدّ	samak al qudd (m)	merluzzo (m)
أسقمري	usqumriy (m)	scombro (m)
تونة	tūna (f)	tonno (m)
حنكليس	ḥankalīs (m)	anguilla (f)
سلمون مرقَّط	salmūn muraqqaṭ (m)	trota (f)
سردين	sardīn (m)	sardina (f)

سمك الكراكي	samak al karāki (m)	luccio (m)
رنجة	rinʒa (f)	aringa (f)
خبز	xubz (m)	pane (m)
جبنة	ʒubna (f)	formaggio (m)
سكّر	sukkar (m)	zucchero (m)
ملح	milḥ (m)	sale (m)
أرز	urz (m)	riso (m)
مكرونة	makarūna (f)	pasta (f)
نودلز	nūdlis (f)	tagliatelle (f pl)
زبدة	zubda (f)	burro (m)
زيت	zayt (m)	olio (m) vegetale
زيت عبيد الشمس	zayt 'abīd aʃ ʃams (m)	olio (m) di girasole
مرغرين	maryarīn (m)	margarina (f)
زيتون	zaytūn (m)	olive (f pl)
زيت الزيتون	zayt az zaytūn (m)	olio (m) d'oliva
حليب	ḥalīb (m)	latte (m)
حليب مكثّف	ḥalīb mukaθθaf (m)	latte (m) condensato
يوغورت	yūyurt (m)	yogurt (m)
كريمة حامضة	krīma ḥāmiḍa (f)	panna (f) acida
كريمة	krīma (f)	panna (f)
مايونيز	mayunīz (m)	maionese (m)
كريمة زبدة	krīmat zubda (f)	crema (f)
حبوب	ḥubūb (pl)	cereali (m pl)
دقيق	daqīq (m)	farina (f)
معلّبات	mu'allabāt (pl)	cibi (m pl) in scatola
كورن فليكس	kurn fliks (m)	fiocchi (m pl) di mais
عسل	'asal (m)	miele (m)
مربّى	murabba (m)	marmellata (f)
علك	'ilk (m)	gomma (f) da masticare
ماء	mā' (m)	acqua (f)
ماء شرب	mā' ʃurb (m)	acqua (f) potabile
ماء معدنيّ	mā' ma'daniy (m)	acqua (f) minerale
بدون غاز	bi dūn yāz	liscia, non gassata
مكربن	mukarban	gassata
بالغاز	bil yāz	frizzante
ثلج	θalʒ (m)	ghiaccio (m)
بالثلج	biθ θalʒ	con ghiaccio
بدون كحول	bi dūn kuḥūl	analcolico
مشروب غازي	maʃrūb yāziy (m)	bevanda (f) analcolica
مشروب مثلّج	maʃrūb muθallaʒ (m)	bibita (f)
شراب ليمون	ʃarāb laymūn (m)	limonata (f)
مشروبات كحوليّة	maʃrūbāt kuḥūliyya (pl)	bevande (f pl) alcoliche
نبيذ	nabīð (f)	vino (m)
نبيذ أبيض	nibīð abyaḍ (m)	vino (m) bianco
نبيذ أحمر	nabīð aḥmar (m)	vino (m) rosso
ليكيور	liqiūr (m)	liquore (m)
شمبانيا	ʃambāniya (f)	champagne (m)
فيرموث	virmut (m)	vermouth (m)
وسكي	wiski (m)	whisky
فودكا	vudka (f)	vodka (f)
جين	ʒīn (m)	gin (m)
كونياك	kunyāk (m)	cognac (m)

رم	rum (m)	rum (m)
قهوة	qahwa (f)	caffè (m)
قهوة سادة	qahwa sāda (f)	caffè (m) nero
قهوة بالحليب	qahwa bil ḥalīb (f)	caffè latte (m)
كابتشينو	kaputʃīnu (m)	cappuccino (m)
نيسكافيه	niskafī (m)	caffè (m) solubile
كوكتيل	kuktayl (m)	cocktail (m)
ميلك شيك	milk ʃiyk (m)	frullato (m)
عصير	ʿaṣīr (m)	succo (m)
عصير طماطم	ʿaṣīr ṭamāṭim (m)	succo (m) di pomodoro
عصير برتقال	ʿaṣīr burtuqāl (m)	succo (m) d'arancia
عصير طازج	ʿaṣīr ṭāziʒ (m)	spremuta (f)
بيرة	bīra (f)	birra (f)
بيرة خفيفة	bīra ẋafīfa (f)	birra (f) chiara
بيرة غامقة	bīra ɣāmiqa (f)	birra (f) scura
شاي	ʃāy (m)	tè (m)
شاي أسود	ʃāy aswad (m)	tè (m) nero
شاي أخضر	ʃāy aẋḍar (m)	tè (m) verde
خضار	ẋuḍār (pl)	ortaggi (m pl)
خضروات ورقيّة	ẋuḍrawāt waraqiyya (pl)	verdura (f)
طماطم	ṭamāṭim (f)	pomodoro (m)
خيار	ẋiyār (m)	cetriolo (m)
جزر	ʒazar (m)	carota (f)
بطاطس	baṭāṭis (f)	patata (f)
بصل	baṣal (m)	cipolla (f)
ثوم	θūm (m)	aglio (m)
كرنب	kurumb (m)	cavolo (m)
قرنبيط	qarnabīṭ (m)	cavolfiore (m)
كرنب بروكسل	kurumb brūksil (m)	cavoletti (m pl) di Bruxelles
بركولي	brukuli (m)	broccolo (m)
بنجر	banʒar (m)	barbabietola (f)
باذنجان	bātinʒān (m)	melanzana (f)
كوسة	kūsa (f)	zucchina (f)
قرع	qarʿ (m)	zucca (f)
لفت	lift (m)	rapa (f)
بقدونس	baqdūnis (m)	prezzemolo (m)
شبت	ʃabat (m)	aneto (m)
خسّ	ẋass (m)	lattuga (f)
كرفس	karafs (m)	sedano (m)
هليون	halyūn (m)	asparago (m)
سبانخ	sabāniẋ (m)	spinaci (m pl)
بسلّة	bisilla (f)	pisello (m)
فول	fūl (m)	fave (f pl)
ذرَة	ðura (f)	mais (m)
فاصوليا	faṣūliya (f)	fagiolo (m)
فلفل	filfil (m)	peperone (m)
فجل	fiʒl (m)	ravanello (m)
خرشوف	ẋurʃūf (m)	carciofo (m)
فاكهة	fākiha (f)	frutto (m)
تفّاحة	tuffāḥa (f)	mela (f)
كمّثرى	kummaθra (f)	pera (f)

ليمون	laymūn (m)	limone (m)
برتقال	burtuqāl (m)	arancia (f)
فراولة	farawla (f)	fragola (f)
يوسفي	yūsufiy (m)	mandarino (m)
برقوق	barqūq (m)	prugna (f)
دراق	durrāq (m)	pesca (f)
مشمش	miʃmiʃ (f)	albicocca (f)
توت العليق الأحمر	tūt al ʿullayq al aḥmar (m)	lampone (m)
أناناس	ananās (m)	ananas (m)
موز	mawz (m)	banana (f)
بطيخ أحمر	baṭṭīx aḥmar (m)	anguria (f)
عنب	ʿinab (m)	uva (f)
بطيخ أصفر	baṭṭīx aṣfar (f)	melone (m)
زنباع	zinbāʿ (m)	pompelmo (m)
افوكاتو	avukādu (f)	avocado (m)
بابايا	babāya (m)	papaia (f)
مانجو	mangu (m)	mango (m)
رمان	rummān (m)	melagrana (f)
كشمش أحمر	kiʃmiʃ aḥmar (m)	ribes (m) rosso
عنب الثعلب الأسود	ʿinab aθ θaʿlab al aswad (m)	ribes (m) nero
عنب الثعلب	ʿinab aθ θaʿlab (m)	uva (f) spina
عنب الأحراج	ʿinab al aḥrāʒ (m)	mirtillo (m)
ثمر العليق	θamar al ʿullayk (m)	mora (f)
زبيب	zabīb (m)	uvetta (f)
تين	tīn (m)	fico (m)
تمر	tamr (m)	dattero (m)
فول سوداني	fūl sudāniy (m)	arachide (f)
لوز	lawz (m)	mandorla (f)
عين الجمل	ʿayn al ʒamal (f)	noce (f)
بندق	bunduq (m)	nocciola (f)
جوز هند	ʒawz al hind (m)	noce (f) di cocco
فستق	fustuq (m)	pistacchi (m pl)
حلويّات	ḥalawiyyāt (pl)	pasticceria (f)
بسكويت	baskawīt (m)	biscotti (m pl)
شكولاتة	ʃukulāta (f)	cioccolato (m)
بالشكولاتة	biʃ ʃukulāṭa	al cioccolato
بونبون	bumbūn (m)	caramella (f)
كعك	kaʿk (m)	tortina (f)
تورتة	tūrta (f)	torta (f)
فطيرة	faṭīra (f)	crostata (f)
حشوة	ḥaʃwa (f)	ripieno (m)
مربّى	murabba (m)	marmellata (f)
مرملاد	marmalād (f)	marmellata (f) di agrumi
وافل	wāfil (m)	wafer (m)
مثلّجات	muθallaʒāt (pl)	gelato (m)
وجبة	waʒba (f)	piatto (m)
مطبخ	maṭbax (m)	cucina (f)
وصفة	waṣfa (f)	ricetta (f)
وجبة	waʒba (f)	porzione (f)
سلطة	sulṭa (f)	insalata (f)
شوربة	ʃūrba (f)	minestra (f)

مرق	maraq (m)	brodo (m)
ساندويتش	sandawitʃ (m)	panino (m)
بيض مقلي	bayḍ maqliy (m)	uova (f pl) a tegamino
هامبرجر	hamburger (m)	hamburger (m)
بفتيك	biftīk (m)	bistecca (f)
طبق جانبي	ṭabaq ʒānibiy (m)	contorno (m)
سباغيتي	spaɣitti (m)	spaghetti (m pl)
هريس بطاطس	harīs baṭāṭis (m)	purè (m) di patate
بيتزا	bītza (f)	pizza (f)
عصيدة	ʿaṣīda (f)	porridge (m)
بيض مخفوق	bayḍ maxfūq (m)	frittata (f)
مسلوق	maslūq	bollito
مدخّن	mudaxxin	affumicato
مقلي	maqliy	fritto
مجفف	muʒaffaf	secco
مجمّد	muʒammad	congelato
مخلّل	muxallil	sottoaceto
مسكّر	musakkar	dolce
مالح	māliḥ	salato
بارد	bārid	freddo
ساخن	sāxin	caldo
مرّ	murr	amaro
لذيذ	laðīð	buono, gustoso
قشرة	qiʃra (f)	buccia (f)
فلفل أسود	filfil aswad (m)	pepe (m) nero
فلفل أحمر	filfil aḥmar (m)	peperoncino (m)
صلصة الخردل	ṣalṣat al xardal (f)	senape (f)
فجل حارّ	fiʒl ḥārr (m)	cren (m)
تابل	tābil (m)	condimento (m)
بهار	bahār (m)	spezie (f pl)
صلصة	ṣalṣa (f)	salsa (f)
خلّ	xall (m)	aceto (m)
يانسون	yānsūn (m)	anice (m)
ريحان	rīḥān (m)	basilico (m)
قرنفل	qurumful (m)	chiodi (m pl) di garofano
زنجبيل	zanʒabīl (m)	zenzero (m)
كزبرة	kuzbara (f)	coriandolo (m)
قرفة	qirfa (f)	cannella (f)
سمسم	simsim (m)	sesamo (m)
أوراق الغار	awrāq al ɣār (pl)	alloro (m)
بابريكا	babrika (f)	paprica (f)
كراوية	karāwiya (f)	cumino, comino (m)
زعفران	zaʿfarān (m)	zafferano (m)
أكل	akl (m)	cibo (m)
فطور	fuṭūr (m)	colazione (f)
غداء	ɣadā' (m)	pranzo (m)
عشاء	ʿaʃā' (m)	cena (f)
شهيّة	ʃahiyya (f)	appetito (m)
هنيئًا مريئًا!	hanī'an marī'an!	Buon appetito!
طعم	ṭaʿm (m)	gusto (m)
المذاق العالق فى الفم	al maðāq al ʿāliq fil fam (m)	retrogusto (m)
حمية غذائية	ḥimya ɣaðā'iyya (f)	dieta (f)

Arabo	Traslitterazione	Italiano
فيتامين	vitamīn (m)	vitamina (f)
سعرة حرارية	su'ra ḥarāriyya (f)	caloria (f)
نباتي	nabātiy (m)	vegetariano (m)
نباتي	nabātiy	vegetariano
دهون	duhūn (pl)	grassi (m pl)
بروتينات	brutināt (pl)	proteine (f pl)
نشويّات	naʃawiyyāt (pl)	carboidrati (m pl)
شريحة	ʃarīḥa (f)	fetta (f), fettina (f)
قطعة	qiṭ'a (f)	pezzo (m)
فتاتة	futāta (f)	briciola (f)
ملعقة	mil'aqa (f)	cucchiaio (m)
سكّين	sikkīn (m)	coltello (m)
شوكة	ʃawka (f)	forchetta (f)
فنجان	finʒān (m)	tazza (f)
طبق	ṭabaq (m)	piatto (m)
خلّة أسنان	χallat asnān (f)	stuzzicadenti (m)
بار	bār (m)	pub (m), bar (m)
نادل	nādil (m)	cameriere (m)
نادلة	nādila (f)	cameriera (f)
بارمان	bārman (m)	barista (m)
قائمة طعام	qā'imat aṭ ṭa'ām (f)	menù (m)
قائمة خمور	qā'imat al χumūr (f)	lista (f) dei vini
شراب	ʃarāb (m)	aperitivo (m)
مقبّلات	muqabbilāt (pl)	antipasto (m)
حلويّات	ḥalawiyyāt (pl)	dolce (m)
حساب	ḥisāb (m)	conto (m)
بقشيش	baqʃīʃ (m)	mancia (f)
ملعقة شاي	mil'aqat ʃāy (f)	cucchiaino (m) da tè
ملعقة كبيرة	mil'aqa kabīra (f)	cucchiaio (m)
فتّاحة	fattāḥa (f)	apribottiglie (m)
فتّاحة	fattāḥa (f)	apriscatole (m)
بريمة	barrīma (f)	cavatappi (m)
أبراميس	abramīs (m)	abramide (f)
شبّوط	ʃabbūṭ (m)	carpa (f)
فرخ	farχ (m)	perca (f)
قرموط	qarmūṭ (m)	pesce (m) gatto
سلمون أطلسيّ	salmūn aṭlasiy (m)	salmone (m)
سمك مفلطح	samak mufalṭaḥ (f)	sogliola (f)
سمك سندر	samak sandar (m)	lucioperca (f)
قرش	qirʃ (m)	squalo (m)
فطر	fuṭr (f)	fungo (m)
فطر صالح للأكل	fuṭr ṣāliḥ lil akl (m)	fungo (m) commestibile
فطر سامّ	fuṭr sāmm (m)	fungo (m) velenoso
فطر بوليط مأكول	fuṭr bulīṭ ma'kūl (m)	porcino (m)
فطر أحمر	fuṭr aḥmar (m)	boleto (m) rufo
فطر بوليط	fuṭr bulīṭ (m)	porcinello (m)
فطر كويزي	fuṭr kwīzi (m)	gallinaccio (m)
فطر روسّولا	fuṭr russūla (m)	rossola (f)
فطر الغوشنة	fuṭr al χūʃna (m)	spugnola (f)
فطر أمانيت الطائر السامّ	fuṭr amānīt aṭ ṭā'ir as sāmm (m)	ovolaccio (m)
فطر أمانيت فالوسياني السامّ	fuṭr amānīt falusyāniy as sāmm (m)	fungo (m) moscario

توت أُحمر برّيّ	tūt aḥmar barriy (m)	mirtillo (m) di palude
كيوي	kiwi (m)	kiwi (m)
حبّة	ḥabba (f)	bacca (f)
حبّات	ḥabbāt (pl)	bacche (f pl)
عنب الثور	'inab aθ θawr (m)	mirtillo (m) rosso
فراولة برّيّة	farāwla barriyya (f)	fragola (f) di bosco
حبوب	ḥubūb (pl)	grano (m)
محاصيل الحبوب	maḥāṣīl al ḥubūb (pl)	cereali (m pl)
سنبلة	sumbula (f)	spiga (f)
قمح	qamḥ (m)	frumento (m)
جاودار	ʒāwdār (m)	segale (f)
شوفان	ʃūfān (m)	avena (f)
دخن	duxn (m)	miglio (m)
شعير	ʃaʿīr (m)	orzo (m)
ذرّة	ðura (f)	mais (m)
حنطة سوداء	ḥinṭa sawdā' (f)	grano (m) saraceno
فول الصويا	fūl aṣ ṣūya (m)	soia (f)
عدس	'adas (m)	lenticchie (f pl)
بودنج	būding (m)	budino (m)
ثمر	θamr (m)	frutti (m pl)